Reiseführer

W0235892

Korfu

von Klio Verigou und Peter Peter

 ADAC Top Tipps

Das müssen Sie gesehen haben! Die zehn Top Tipps bringen Sie zu den absoluten Highlights.

 ADAC Empfehlungen

Unterwegs gut beraten: Diese 25 ausgesuchten Empfehlungen machen Ihren Urlaub perfekt.

Preise für ein DZ mit Frühstück:
€ | bis 70 €
€€ | bis 140 €
€€€ | ab 140 €

Preise für ein Hauptgericht:
€ | bis 10 €
€€ | bis 20 €
€€€ | ab 20 €

■ Intro

■ ADAC Quickfinder

*Hier finden Sie die Orte, Sehens-
würdigkeiten und Attraktionen,
die perfekt zu Ihnen passen.*

■ Unterwegs

■ Service

*Alle wichtigen reisepraktischen
Informationen – von der Anreise
über Notrufnummern bis hin zu
den Zollbestimmungen.*

🏞 *Zu diesen Orten und Sehenswürdigkeiten finden Sie Detailkarten
im Innenteil des Reiseführers.*

Umschlag:

ADAC Top Tipps: Vordere
Umschlagklappe, innen ❶

ADAC Empfehlungen: Hintere
Umschlagklappe, innen ❷

Übersichtskarte Korfu Süd:
Vordere Umschlagklappe, innen ❸
Übersichtskarte Korfu Nord:
Hintere Umschlagklappe, innen ❹

Stadtplan Korfu-Stadt: Hintere
Umschlagklappe, außen ❺
Ein Tag in Korfu-Stadt: Vordere
Umschlagklappe, außen ❻

Traumstrände und ein Flair wie in Venedig

Venezianische Stadtkultur, bezauberndes Grün und weiße Klippen umspült von hinreißendem Blau

Das Gassenlabyrinth von Korfu-Stadt muss man gesehen haben

Die Ionischen Inseln, die sich entlang der Westküste Griechenlands wie auf einer Perlenkette aneinanderreihen, werden vom schimmernden Ionischen Meer umsäumt, das die Adria mit dem offenen Mittelmeer verbindet. Im Norden, auf Höhe der griechisch-albanischen Grenze, liegt Korfu, die Hauptinsel des Archipels, die schon seit den Tagen Kaiserin Sisis unzählige Gäste anlockt.

Korfu bezaubert vor allem durch seine Vegetation: mattgrüne Olivenwälder, durchsetzt von wilden Zypressen und Weinbergen, orange leuchtende Kumquatbäume, bougainvillea-überflutete Villen und blauer Bleiwurz an alten Bauernhäusern, deren Gärten von Palmen und Zitronen bestanden sind. Auf Korfu und seinen Nachbarinseln bestimmen besonders im Frühjahr und Winter sattes Grün und bunte Blütenpracht das Landschaftsbild, nicht nur verkarstete Felsen wie beispielsweise auf den Kykladen.

Griechenland für Einsteiger und Fortgeschrittene

Korfu gehört seit Jahren zu den beliebtesten Urlaubszielen Griechenlands, und das mit gutem Grund. Die

kommen in die kleinen und großen Hotels der Insel. Korfu ist das perfekte Reiseziel für Einsteiger in das Thema Griechenland: Dank guter Fährverbindungen ab Italien ist die Insel gut mit dem eigenen Auto zu erreichen. Wer bei griechischen Inseln an die sonnenverbrannten und recht kahlen Eilande der Ägäis denkt, wird hier dank der Tausenden Olivenbäume, Tannen und Zypressen eines Besseren belehrt. Und die extreme griechische Sommerhitze fällt auf Korfu nicht nur wegen seiner Lage, sondern auch dank der häufigen Meeresbrisen milder aus. Darüber hinaus finden Italien-Erfahrene durch das

Strände wie in der Karibik gibt es auf Antípaxos (unten), Prozession zu Ostern in Korfu-Stadt (ganz unten)

touristische Infrastruktur ist ausgezeichnet, die Strände sind unübertroffen sauber, die Flugverbindungen gerade in den Sommermonaten günstig und regelmäßig. Über zehn Mal weht die Blaue Flagge auf Korfus langen, naturbelassenen Sand- und Kieselstränden und einsamen Badebuchten. Eine Million Sonnenanbeter lassen sich alljährlich von diesem Nachweis der Wasserqualität überzeugen und

Tolles Fotomotiv: die Insel Panagía vor Párga (oben), Bauernsalat gehört zum Essen dazu (links), Windsurfen ist auf Korfu besonders beliebt (unten)

musik einen leichten Zugang. Erfahrene Griechenland-Reisende hingegen werden hier Neues entdecken: außergewöhnliche Farbkontraste, grandiose Panoramen, spannende Entdeckungstouren auf dem Meer entlang einer vielfältigen Küstenlinie und mit dem Achilleion die Residenz mitteleuropäischer Monarchen. Auf also in ein liebreizendes Ferienparadies aus attraktiven Naturkulissen und kulturellen Zeugnissen einer langen Geschichte!

Üppige Pflanzenpracht am Ionischen Meer

Beliebteste Sehenswürdigkeit Korfus ist neben Korfu-Stadt, die eine der schönsten Städte Griechenlands ist, sicherlich das Refugium der österreichischen Kaiserin Sisi, das Achílleion.

venezianisch geprägte Städtchen Korfu-Stadt, durch eine Küche, die einen Hauch Italien verspricht, und die von westlichen Klängen inspirierte Insel-

Hier träumte sie sich in eine antike Idealwelt, bevölkert von großen Philosophen und tragischen Helden. Für Romantiker hält die Insel noch ein weiteres Ziel bereit: Das Durchschwimmen des sogenannten Canal d'Amour in Sidári lässt angeblich Beziehungsträume wahr werden. Doch schon vor Sisi war auf Korfu einiges geboten, seit 3000 Jahren hinterlassen ganz unterschiedliche Kulturen ihre Spuren auf der Insel.

Kulturfans, die sich intensiv mit dem antiken Hellas beschäftigen wollen, werden auf Korfu jedoch enttäuscht. Doch obwohl Korfu nicht mit herausragenden Museen oder archäologischen Stätten aus uralten Tagen glänzt, können Geschichtsinteressierte im Archäologischen Museum von Korfu-Stadt und zwischen Ausgrabungen auf der Análipsi-Halbinsel der

Vergangenheit ebenso nachspüren wie beim Anblick der venezianischen Altarbilder und silberbeschlagenen Ikonen im Kloster auf dem höchsten Inselberg, dem Pantokrátoras (906 m).

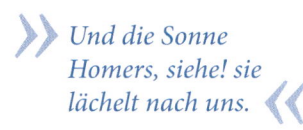

Und die Sonne Homers, siehe! sie lächelt nach uns.

Friedrich Schiller

Korfu-Stadt ist mit seinen altehrwürdigen Kirchen, den Musikpavillons und Museen, den Kricketspielern und Kaffeehäusern ein Wunder an levantinischer Urbanität. Der arkadengeschmückte Liston gilt vielen gar als eleganteste Flaniermeile des ganzen Landes.

Ein besonderes Naturerlebnis ermöglicht der Besuch der Felsbuchten von

Ganz ruhig und klein erscheint Ípsos aus der Ferne von Spartilás betrachtet

Paleokastrítsa oder eine Fahrt durch die Macchialandschaft um den hoch aufragenden Pantokrátoras. Auch das bergige Hinterland der Küste mit ruhigen Dorfplätzen und Tavernen, in denen korfiotische Leckereien angeboten werden, wartet auf Entdeckung.

Markuslöwe unter griechischer Sonne

Anders als die Ägäischen Inseln und das griechische Festland konnte das Osmanische Reich die Ionischen Inseln nie für längere Zeit besetzen. Stets befanden sie sich unter der Kontrolle italienischer Adelshäuser oder der venezianischen Dogen. Dadurch konnte sich auf dem Heptanes, den sieben Ionischen Inseln, eine ganz eigene Kultur herausbilden, die ebenfalls zum besonderen Urlaubserlebnis beiträgt.

Architektur und Dialekt sind deutlich von italienischen Einflüssen geprägt. Der Brauch, am letzten Donnerstag vor der Fastenzeit durch die Gassen der Orte zu ziehen und üble Nachrede über die Nachbarn zu führen, trägt sogar noch einen italienischen Namen: pettegolezze, also Klatsch. Auch die korfiotische Volksmusik, die an hohen Kirchenfesten getragenen Trachten und nicht zuletzt der besondere Wert, der auf gute Mittelmeerküche gelegt wird, bezeugen die alten Verbindungen.

Und was gibt's sonst noch?

Wer länger bleibt, hat Zeit, Ausflüge von Korfu aus zu unternehmen. Mit den anderen großen Inseln des Archipels wie Lefkáda, Zákynthos oder Kefaloniá ist Korfu derzeit allerdings nicht

Außergewöhnlich schön: die Doppelbucht Pórto Timóni bei Afiónas

sonderlich gut verbunden. Einheimi-sche hoffen jedoch auf die baldige Einführung einer guten Linienverbin-dung per Wasserflugzeug. Momentan gelten vor allem Korfus kleine Schwes-terninseln Páxos und Antípaxos, zwei stille Eilande mit ruhigen Wanderwe-gen, kleinen Küstenorten und exoti-schen Badebuchten, als absolutes Muss für einen Ausflug. Individualisten besuchen außerdem die Inselwinzlin-ge Othoní, Mathráki und Eríkoussa – die Diapontischen Inseln – nördlich von Korfu und Saránta im noch recht unberührten Albanien. Wer ein wenig griechisches Festlands-Flair schnup-pern möchte, besucht auf eigene Faust das sehenswerte Städtchen Ioánnina oder auch im Rahmen eines organisierten Tagesausflugs die Küs-tenorte Sývota und Párga.

Hauptstadt Korfu-Stadt

Sprache Griechisch

Währung Euro

Staatsform Parlamentarische Republik

Fläche 585 km², damit ist Korfu die zweitgrößte Insel des Archipels und die siebtgrößte Griechenlands

Küstenlänge 217 km

Einwohner 100 850

Tourismus Der Tourismus ist neben der Landwirtschaft der bedeu-tendste Wirtschaftszweig der Insel. Jährlich reisen per Flugzeug etwa 1,5 Mio. Besucher nach Korfu.

Religion Bis auf eine kleine römisch-katholische Minderheit gehören fast alle Korfioten der griechisch-orthodoxen Kirche an.

Zeitzone MEZ + 1 Std

Schätze 4,5 Mio. Olivenbäume, drei davon rund 1000 Jahre alt, sollen auf Korfu stehen. Das macht fast 45 Bäume pro Einwohner.

Korfus Exportschlager Oliven, aber auch Kumquats, die asiatischen Zwergorangen, in jeglicher Form.

Berühmtester Korfiote Im Juni 1921 wurde der Prinzgemahl der britischen Königin Elizabeth II., Prinz Philip, im Mon Repos in Korfu-Stadt geboren.

Das will ich erleben

Attraktive Architektur und interessante Kultur, winzige Küstenweiler und verschlafene Binnendörfer, herrliche Aussichten und reizvolle Natur, traumhafte Strände und kulinarische Highlights: Sowohl Korfu als auch die von dort aus gut erreichbaren Ausflugsziele sind ein Genuss für alle Sinne. Nicht grundlos ist Korfu eine der beliebtesten Inseln im Mittelmeer und bietet Urlaub nach jedem Geschmack – begleitet von lebensfroher mediterraner Atmosphäre, an die man sich nicht nur durch die Urlaubsfotos, sondern auch dank der inseltypischen Souvenirs daheim noch lange und gern zurückerinnert.

Abwechslungsreiche Museen

Ebenso facettenreich wie Korfus Geschichte sind auch die Museen der Insel. Die sehenswerten Ausstellungen gewähren Einblicke in das Leben der Einheimischen sowie in ihre von diversen Nationen beeinflusste Kultur.

Paradiesische Strände

Puderzuckersand oder hübsche Kieselsteine, still und einsam oder quirlig und voll? Auf Korfu und in der Region findet jeder Urlauber seinen Lieblingsstrand

Erklimmenswerte Festungen

Korfu, aber auch Orte auf dem Festland mussten immer wieder vor Angriffen von Piraten und Osmanen geschützt werden. Die uralten Mauern bieten tolle Ausblicke.

Exquisit dinieren

Nouvelle Cuisine auf allerhöchstem Niveau, ein Restaurant mit Sterne-Koch und stilvolles Ambiente: Gourmets, die es sich auch im Urlaub gut gehen lassen möchten und keine Kosten scheuen, sind bei den nobleren Restaurantadressen genau richtig.

Kirchen und Klöster

Einen Einblick in die Traditionen der Ostkirche bekommt man in vielen interessanten Kirchen und Klöstern, die häufig auch durch ihre Lage begeistern.

Die schönsten Dörfer

Meist trennen nur wenige Kilometer die quirligen Küstenorte von ursprünglichen, einsamen Dörfern, die mit historischer Bausubstanz aus alten Zeiten berichten.

Stylische Spots der Szene

Im Sommer trifft sich die korfiotische Szene in vielen Open-Air-Locations am Meer, morgens in den stylischen Beach-Bars und abends unter dem Sternenhimmel. Viel Wert legen die Korfioten auf durchgestyltes Design und gute Musik.

Grandiose Aussichten

Die hügelige Landschaft, Felsklippen am Meer und die Lage gegenüber dem Festland sorgen immer wieder für spektakuläre Aussichten und beneidenswerte Urlaubsbilder – eine Kulisse, die nur hier vor solch prächtigen Farbkontrasten strotzt.

Urige Atmosphäre bei mezédes

Gerne verbringen die Griechen Zeit im mezedopolío, im kafenío und in der Taverne. Sie teilen sich viele kleine Gerichte (mezédes) und genießen dazu den einen oder anderen Ouzo, Bier oder Hauswein – zu günstigen Preisen.

Korfu »zum Mitnehmen«

Es gibt immer mehr Geschäfte, in denen Kunsthandwerker inseltypische Produkte wie Keramik oder Schmuck fertigen. Urlaubsflair für zu Hause versprechen Kulinaria.

Phänomenale Naturschauspiele

Schlanke Zypressen und duftende Pinien sind in mediterrane Macchia und in einen Teppich aus silbrig-grünen Olivenbäumen eingewoben – vom Meer oft nur durch Klippen, Grotten und andere Felsformationen getrennt.

Unterwegs

Korfu ist ein wahres Paradies für alle Hobbyfotografen. Auf der ganzen Insel sprechen die Motive für sich – so wie das berühmte, vom Wasser umgebene Kloster Vlachérna

Korfu-Stadt und Umgebung

Die Inselhauptstadt lockt mit Sehenswürdigkeiten, viel Charme und mediterranem Leben, ihre Umgebung mit Badefreuden

In diesem Kapitel:

ADAC Top Tipps:

1 **Altstadt, Korfu-Stadt**
| Ortsbild |

Charmante Gassen, über denen bunte Wäsche zum Trocknen hängt, elegante Plätze, an denen Cafés und Restaurants zum Verweilen zwischen Einheimischen locken, sowie fünfstöckige venezianische Wohnhäuser und aristokratisch anmutende klassizistische Bauwerke, in deren Schatten viele Katzen dösen – das und noch vieles mehr ist der historische Stadtkern der Inselmetropole. 19

ADAC Empfehlungen:

1 **Museum für Asiatische Kunst, Korfu-Stadt**
| Museum |

In einem pompösen Rahmen untergebrachte und einzigartige, rund 15 000 Exponate zählende Sammlung dieser Art in Griechenland. 24

Korfu-Stadt gilt nicht grundlos als heimliche Kulturhauptstadt Griechenlands und eine der schönsten Inselhauptstädte des Mittelmeers. Umsäumt von mehreren Buchten und eingeschlossen von zwei uralten Festungen lockt die lebendige Inselmetropole mit einem wunderschönen Gassenlabyrinth, interessanten Museen und Attraktionen. Die Stadt an der Ostküste ist sehens- und erlebenswert und begeistert mit jungem griechischen Leben. Wer den Strand nicht direkt vor der Haustür braucht, kann hier gut ein paar Tage Urlaub machen, ohne dass Langeweile aufkommt. Nur wenige Kilometer nördlich sind die ineinander übergehenden Orte Kontókali und Gouviá durch ihre Nähe zu Korfu-Stadt geeignet, um Stadt- und Strandurlaub miteinander zu kombinieren. Für Bootsfans lohnt dort ein Abstecher zur Gouviá-Marina, Korfus größtem Jachthafen.

1 Korfu-Stadt (Kérkyra)

Mediterraner Lifestyle und wunderschöne Architektur

Die bunten Häuser von Korfu-Stadt werden auf vielen Seiten vom Meer umsäumt

ℹ Information

■ Der Infokiosk der Gemeinde vor der Alten Festung soll in der Sommersaison 2019 zwischen Mo–Fr 9–16 Uhr wieder geöffnet sein.
■ Parken: siehe S. 27

Malerisch zwischen zwei Festungen liegend und von Lagunen umgeben, gehört Korfu-Stadt, neugriechisch wie die Insel einfach Kérkyra genannt, zu den schönsten und urbansten Orten ganz Griechenlands. Noch immer ist die multikulturelle Vielfalt der Metropole zu spüren, die im Laufe ihrer Geschichte venezianische, französische und britische Eigenheiten aufgenommen hat: Italienische Küche, die Flaniermeile des Liston, Ingwerbier und Cricket sind lebendige Zeugen der Vergangenheit.

Neben herausragenden Museen und Kirchen hat die weitgehend in eine Fußgängerzone verwandelte Altstadt auch für den Einkaufsbummel einiges zu bieten. Viele Gassen rund um die Kirche Ágios Spyrídonas und am Fuße des Cambielo-Hügels haben sich in Basarmeilen verwandelt. Schuh- und Modeboutiquen sowie Läden für den Bedarf der Einheimischen gibt es u.a. in der Nikifórou Theotóki, in der Evgeníou Voulgáreos bis hin zu der von Autos und Bussen umbrausten Platía G. Theotóki (Sarocco).

Plan
S. 22/23

Historisch fassbar ist 734 v. Chr. die Gründung der Kolonie Kórkyra durch Siedler aus Korinth. Aufgrund ihrer günstigen Lage als Zwischenstation für Handelsschiffe erlebt sie einen raschen Aufschwung und wird immer wieder erobert. 229 v. Chr. unterwirft sich Kórkyra daher freiwillig der Oberherrschaft Roms. Bei der Teilung des Römischen Reiches 395 n. Chr. wird Korfu dann Ostrom zugeschlagen. Zum strategischen Spielball der Mächte wird die Insel erneut im Hochmittelalter. 1386 sichert sich Venedig die Insel, und der Name Korfu bürgert sich ein. Die venezianische Flotte kann die Insel vor den Osmanen schützen, so bleibt sie der einzige Ort Griechenlands, der nie von den Osmanen erobert wird. Die Herrschaft Venedigs dauert bis 1797 an und prägt Korfu bis heute. Nach einem kurzen Gastspiel von Napoleon besetzen 1814 britische Kriegsschiffe Korfu. Unter britischem Protektorat werden Straßenbau, Wasserleitungen und Bildung gefördert. Dennoch begrüßen die Insulaner die Vereinigung mit Griechenland (1864), und auf den Spuren der österreichischen Kaiserin Elisabeth entdeckt der Tourismus der Belle Époque Korfu als Ferienziel. Im September 1943 bombardieren italienische und deutsche Flieger Stadt und Hafen. Die 2000 Mitglieder zählende jüdische Gemeinde wird zu 90 Prozent ausgelöscht. Erst in den 1980er-Jahren erwacht Korfu-Stadt aus dem Dornröschenschlaf. Es gibt wieder eine Universität, und historische Zeugnisse erwachen zu neuem Leben.

Altstadt

 Historisches Erbe verwoben mit griechischer Lebensart

Seit 2007 zählt die Altstadt der Inselmetropole zum UNESCO-Weltkulturerbe. Dreh- und Angelpunkt ist die Esplanade, die mit dem Liston, vielen Denkmälern, der Alten Festung und

ADAC *Spartipp*

Verglichen mit Mittel- und Nordeuropa sind die Preise für viele Attraktionen auf Korfu recht günstig. Bei den meisten staatlichen Sehenswürdigkeiten ist der Eintritt für Kinder und Jugendliche frei.

ADAC *Wussten Sie schon?*

Wer tagsüber im Liston verweilt, kann ab und zu den auf der Wiese trainierenden Kricketspielern von Korfu-Stadt zusehen – praktisch identisch mit Griechenlands Nationalmannschaft. Sonntags finden manchmal auch Kricketspiele statt. Dann gilt es nur noch, den 1823 von britischen Offizieren eingeführten Sport zu verstehen und sich vor fliegenden Bällen in Acht zu nehmen.

dem Gouverneurspalast von der bewegten Geschichte der Insel erzählt und beliebter Treffpunkt ist. Gern kommen vor allem junge Korfioten, aber auch Besucher an der alten Mole von Faliráki zusammen: tagsüber im Strandbad Imabari, wo Stufen ins Meer führen, und abends bei Partystimmung in der benachbarten Café-Bar Amaze. Cambielo, das fotogenste Vier-

tel der Altstadt, erstreckt sich landseitig zwischen Faliráki und Altem Hafen. Südl. und südwestl. schließt sich der geschäftige Teil der Altstadt mit ihren marmorgepflasterten Gassen, hübschen Arkaden und quirligen Plätzen an. Von Souvenirs buchstäblich überwucherte Gassen geleiten fast unweigerlich zur Hauptkirche Ágios Spyrídonas. Im Westen erstreckt sich zu Füßen der Neuen Festung das ehemalige Judenviertel Evraikí, das während des Zweiten Weltkriegs praktisch ausgelöscht wurde. Nur ein Denkmal an der Ecke Velissaríou und Solomoú sowie die unscheinbare Synagoge (lediglich zum Sabbatgebet geöffnet) an der Tenédou erinnern heute daran.

 Sehenswert

1 **Liston**
| Bauwerk |
Ein faszinierendes Stück altes Europa und Griechenlands schönster Salon:

Den monumentalen Liston darf man beim Stadtbummel auf keinen Fall auslassen

Das ist der Liston mit seinen eleganten Arkaden. Obwohl die Kaffeehausmeile während der kurzen napoleonischen Besatzungszeit erbaut wurde, fühlt man sich weniger an französische Vorbilder erinnert als an die Kolonnaden des Markusplatzes in Venedig. Echt levantinische Grand Cafés, in denen ältere Herren beim Mokka Tageszeitungen studieren, sind jedoch seltener geworden. Inzwischen erobern oft Touristen den Liston, und in den modernen Café-Bars gibt sich die heimische Szene ein Stelldichein – sowohl zum Kaffee als auch zum Drink. Unbedingt ein Ort für eine Pause!

2 Spianada
| Platz |

Von den Liston-Cafés blickt man auf den von Baumreihen umstandenen Rasen der Spianada (Esplanade). Einst duckten sich hier Häuserzeilen im Schatten der Festung, bis sie im Jahr 1576 einer freien Schussbahn geopfert wurden. Heute dient ein Musikpavillon als Bühne für Jazzsessions und Blaskapellen. Ein paar Schritte davon entfernt erinnert ein Denkmal mit allegorischen Inselreliefs an den Anschluss der Ionischen Inseln an das griechische Mutterland 1864.

3 Maitland Rotunda
| Denkmal |

Ein sehr beliebtes Plätzchen für ein Rendezvous ist die Maitland Rotunda, die im Jahr 1824 zum Gedenken an den britischen Hochkommissar Thomas Maitland errichtet wurde. Ganz in der Nähe blickt von der Uferpromenade die Büste von Dionýsios Solomós herüber, des Dichters der griechischen Nationalhymne.
- Südrand der Rasenfläche (Esplanade)

4 Kapodístrias-Denkmal
| Denkmal |

Das Denkmal des ersten griechischen Präsidenten Ioánnis Kapodístrias (siehe S. 66) trotzt auf einer von Autos und Fiakern umbrausten Verkehrsinsel dem Verkehr.
- Akadimías

5 Schulenburg-Denkmal
| Denkmal |

Mit Allongeperücke und einem lasziven Hüftknick posiert hoch auf einem massiven Sockel die Marmorstatue des in der Nähe von Magdeburg geborenen Johann Matthias Graf von der Schulenburg, der 1716 die Verteidigung Korfus gegen die osmanische Übermacht leitete.
- Vor der Alten Festung

6 Alte Festung
| Bauwerk |

Von der Zugangsbrücke zur Alten Festung (Paleó Froúrio) bietet sich ein malerischer Blick hinab auf die Contrafossa, den 15 m breiten Kanal zwischen Stadt und Zitadelle. Die mächtige Fes-

ADAC *Mittendrin*

Nicht nur in der Sommersaison lenkt der Liston alle Blicke auf sich. Am Ostersamstag werden hier vormittags Tonkrüge von Balkonen und aus den Fenstern auf die Straße geworfen. Gefeiert wird damit die »erste Auferstehung«. Der Brauch, der unzählige Menschen und griechische TV-Sender jährlich in die Stadt lockt, geht wohl auf die Venezianer zurück, die ursprünglich zu Neujahr Altes aus dem Fenster warfen.

d   e   f

1

ÁKI

Gouverneurspalast
Museum für Asiatische Kunst

dtische
akothek

2

Martinengo Bastion   *Limáni Mandrakíou*   *Akrotíri Ágios Isídoros*

**Ágalma Gilfórdou
(Guilford Statue)**   Iónio Panepistímio (University)
Archía Kérkiras

**Schulenburg-
Denkmal**   **Pili Akrópolis Tor**   **A l t e   F e s t u n g**   ⑥

i   **Pírgos
Thálassa**
⑤

**Dimósia Vivliothíki
(Öffentliche Bibliothek)**   **Pírgos Xirá Turm**   Iónio Panepistímio (University)

Palió Enetikó Frúrio

Ágios Geórgios

Promachónas Savorgnan

3

Agonistón Politechníou
Contrafossa
Agon. Politechníou

and
nda

Ó r m o s   G a r i t s a

aftikós Ómilos

4

5

0   200 m

d   e   f

![Imposant nimmt die Alte Festung eine ganze Halbinsel vor Korfu-Stadt ein]

Imposant nimmt die Alte Festung eine ganze Halbinsel vor Korfu-Stadt ein

tung, deren Ursprünge auf das 6. Jh. zurückreichen, war Kernstück des 1484–1559 entworfenen venezianischen Verteidigungssystems und später der britischen Hafenbastionen. Aus dem 16. Jh. haben Teile des Mauerringes überdauert. Die Verwaltungsbauten und Kasernen innerhalb des ausgedehnten Forts entstanden erst unter britischer Herrschaft, ebenso die 1830 in der Art eines Tempels errichtete anglikanische Garnisonskirche Saint George und der rote Uhrenturm. In einem Raum hinter dem Torgang sind Mosaiken aus der Basilika von Paleópolis (siehe S. 35) ausgestellt. Einen tollen Ausblick auf Korfu-Stadt bietet der von Feigenkakteen überwucherte und von einem Leuchtturm bekrönte Doppelhügel im Zentrum der Festung. Nach dem Abstieg lockt vis-à-vis der Georgskirche ein Café.

■ Esplanade, Tel. 26 61 04 81 20, April–Okt. 9–20, Nov.–Feb. Mi–Mo 8.30–15.30, März 8.30–16 Uhr, 6 €, erm. 3 €, Kombiticket siehe »Spartipp« S. 25

7 **Gouverneurspalast/Museum für Asiatische Kunst**
 | Museum |
Außergewöhnliche Sammlung in ehrwürdigem Ambiente

Das begrünte Areal vor dem Gouverneurspalast dominiert ein aus der Bauzeit des Palasts stammender Säulenbrunnen mit der Statue des Lordhochkommissars Sir Frederick Adam (1824–32), der einst die Schlacht von Waterloo entschieden hatte. Der mächtige Gouverneurspalast aus maltesischem Kalkstein wurde 1816–24 als Sitz der britischen Hochkommissare erbaut. 1864–1913 diente es den griechischen Monarchen als Sommerresidenz. Die klassizistische Fassade ziert ein umlaufender dorischer Säulengang. In der Attika sind Symbolreliefs der sieben Hauptinseln des Archipels zu sehen. Die einst diesen Reigen bekrönende Britanniastatue wurde 1864 durch das Wappen Korfus, ein antikes Schiffsmodell, ersetzt. Rechts davon versinnbildlicht ein mythischer Held Zákynthos, der Dreizack Poseidons Páxos und Aphrodite die Insel Kýthira, die einst ebenfalls dem Archipel angehörte. Ganz links wird Lefkáda durch Pegasus vertreten. Darauf folgen Odysseus als Symbol Ithakas sowie Képhalos als Emblem Kefaloniás.

Eine Besichtigung des Palastes, der das sensibel arrangierte Museum für Asiatische Kunst beherbergt, lohnt sich wegen der prunkvollen Innenräume und der aus rund 15 000 Teilen bestehenden hochkarätigen Kollektionen aus dem Besitz griechischer Diplomaten, die hier vereint sind: Porzellan, Lackarbeiten, Paravents, Opiumpfeifen, die Rüstung eines Samurai, Jadeschnitzereien und mehr entführen in die exotische Welt Chinas, Japans, Südost- und Zentralasiens. Im Obergeschoss befinden sich die Zeremonialsäle des 1817 in London gegründeten Ordens der hll. Michael und Georg. Im Thronsaal hängen die Porträts des britischen Königs Georg IV. und des griechischen Monarchen Georg I. nebeneinander, die Hestia-Rotunde in zartem Wedgwood-Blau diente als Ballsaal.

■ Agonistón Politechníou, www.matk.gr, tgl. 8–20 Uhr, 6 €, erm. 3 €, Kombiticket siehe »Spartipp« S. 25

8 Städtische Pinakothek
| Kunstmuseum |

Kunstbegeisterte können sich auf Wechselausstellungen von Künstlern aus Korfu und dem Archipel aus dem 17. bis zum 21. Jh. freuen. Der Eingang liegt auf der Rückseite des Gebäudes und ist durch einen kleinen Garten erreichbar.

■ Im östl. Seitenflügel des Gouverneurspalasts untergebracht, www.artcorfu.gr, tgl. 9–16 Uhr, 3 €

9 Byzantinisches Museum
| Museum |

Die einschiffige Kirche Panagía Antivouniótissa aus dem 15. Jh. mit ihrer tizianroten Wandtapete gibt den idealen Rahmen für das Byzantinische Museum. Anhand von Exponaten aus dem 15.–19. Jh. wird hier deutlich, wie viel die Ionische Malschule Künstlern von der Insel Kreta verdankt, die einen venezianisch geprägten »postbyzantinischen« Malstil entwickelten. Typisches Beispiel ist die Heiligengruppe »Sergios, Bacchos und Justina«, die Michális Damaskinós, der Lehrer El Grecos, im Jahr 1571 als Dank für den Sieg über die Türken in der Seeschlacht von Lepanto malte. Eine Kuriosität ist eine scheinbar vierhändige Panteleímonos-Ikone. Sie belegt, dass verblasste Ikonen einst häufig neu übermalt wurden.

■ Arseníou, Di–So 8–15 Uhr, www.antivouniotissamuseum.gr, 4 €, erm. 2 €, Kombiticket siehe »Spartipp« S. 25

ADAC *Spartipp*

Sightseeing-Fans können mit dem **Kombiticket** (14 €, erm. 7 €) für die Alte Festung, das Museum für Asiatische Kunst, das Byzantinische Museum, das Archäologische Museum und Mon Repos Geld sparen. Das Ticket, das drei Tage lang gültig ist, gibt es vor Ort.

Der Glockenturm der Kirche Ágios Spyrídonas erhebt sich aus dem Häusermeer

⑩ Solomós Museum
| Museum |

Das private Museum informiert auf Griechisch über den auf Zakynthos geborenen Dichter und Verfasser der griechischen Nationalhymne Dionýsios Solomós (1798–1857), dem Verse gelangen wie »Mein Inneres und das Meer kommen nie zur Ruhe«.

■ Arseníou 41, Tel. 26 61 03 06 74, www. eksmouseiosolomou.gr (nur griechisch), Juni–Okt. Mo–Fr 9.30–14, Nov.–Mai Mo–Fr 9.30–13 Uhr, 1 €

⑪ Platía Kremastí
| Platz |

Wäscheleinen von Fenster zu Fenster, enge Treppenwege, auf denen sich Katzen sonnen, bröckelnde Fassaden und frisch lackierte Holzjalousien, kleine Obsthandlungen und versteckte Bars – im romantischen Labyrinth des Cambielo-Viertels ist das morbide Flair des alten Korfu-Stadt erhalten geblieben. Eine der schönsten Ecken ist der verträumt wirkende Kremastí-Platz

mit dem 1669 gestifteten, reliefverzierten Brunnen und der im 16. Jh. erbauten Kirche gleichen Namens.

⑫ Mitrópoli
| Kirche |

Zwei marmorne Patriarchenbüsten stehen an der Hafentreppe zur 1577 errichteten Bischofskirche symbolisch Spalier. Die der Panagía Spiliótissa (Grottenmadonna) geweihte orthodoxe Kathedrale birgt Ikonen und in einem Sarkophag den Leichnam der hl. Theodóra, für die Händel ein Oratorium vertonte und der die Ostkirche eines ihrer augenfälligsten Charakteristika verdankt: Als byzantinische Kaiserin verbot sie 843 die Bilderstürmerei und führte den Ikonenkult wieder ein.

■ Ipolochagoú Maniarízi/Pliárchou Arlióti 15, www.imcorfu.gr, tagsüber geöffnet

⑬ Ágios Spyrídonas
| Kirche |

Schon vom Meer her fällt die 1590 geweihte Hauptkirche der Stadt durch den rostrot überkuppelten, höchsten Campanile der Insel auf. Den holzgetäfelten Innenraum teilt eine Ikonostase im italienischen Hochaltarstil. Riesige Medaillons, Kopien der beschädigten Barockleinwände von Panagiótis Doxarás (1662–1729), schmücken die vergoldete Kassettendecke. In einer rußgeschwärzten Kapelle küssen Gläubige im Licht der Öllampen den silberbeschlagenen Sarkophag des Heiligen Spyrídonas.

■ Agíou Spyrídonos 32, www.agios pyridon.com, tgl. 6.30–20.30 Uhr (im Aug. länger)

14 Banknotenmuseum
| Museum |

Das kleine Banknotenmuseum, das neugriechische Scheine und Münzen sowie ihren Entstehungsprozess zeigt, ist in einem rosafarbenen tempelartigen Bau untergebracht.

■ Platía Agíou Spyrídonos/N. Theotóki 32, www.alphapolitismos.gr, Mi, Fr 9–14 und 17.30–20.30, Do, Sa, So 8.30–15, Okt.–März Mi–So 8–15 Uhr, Eintritt frei

15 Panagía ton Xénon
| Kirche |

Die Kirche Panagía ton Xénon, die »Gottesmutter der Fremden«, wurde während der osmanischen Herrschaft (auf dem griechischen Festland) für die aus Épirus nach Korfu immigrierten Menschen erbaut. Sie birgt eine beeindruckende archaische silbergerahmte Marienikone.

■ Platía Agíou Spyrídonos/N. Theotóki 25, tagsüber geöffnet

16 Casa Parlante
| Museum |

Kleines Museum, in dem bei einer Führung (auch auf Deutsch) viel über das Leben einer Adelsfamilie im 19. Jh. erzählt wird. In den rund zehn, auch durch Wachsfiguren lebendig gestalteten Zimmern mit alten Möbeln und anderen Dingen dieser Zeit fühlt man sich in eine andere Epoche versetzt.

■ N. Theotóki 16, www.casaparlante.gr, tgl. 10–18 Uhr, 7 €, Kinder 5 €, Kinder unter 5 Jahren frei

17 Rathaus (Dimarchío)
| Bauwerk |

Am terrassenartig angelegten Rathausplatz prunkt unverkennbar venezianisch das 1663–91 erbaute Rathaus, einst Adelscasino und Theater, mit Maskenköpfen über den Fensterbögen, mächtigen Bossenquadern und Fassadenmedaillons u. a. mit der Phäakenprinzessin Nausikaa und dem Flügelross Pegasus.

■ Gkilford

18 St. Jakob und Christophorus
| Kirche |

Die katholische Kirche St. Jakob und Christophorus entstand als Nachfolgebau eines im Zweiten Weltkrieg zerstörten Gotteshauses. In Anbetracht ihrer Funktion als geistiges Zentrum der römisch-katholischen

ADAC *Mobil*

Wuchtig wirken die Mauern der Neuen Festung vor der grünen Kulisse

Gemeinde Korfus ist ihre Ausstattung bemerkenswert schlicht. Neue goldgrundige Ikonen im Innenraum dokumentieren eine Öffnung katholischer Traditionen für die religiöse Bildsprache der Griechen.

■ Gkilford, tagsüber geöffnet

19 **Neue Festung (Néo Froúrio)**
| Bauwerk |

Der ausgedehnte Komplex der aus dem 16. Jh. stammenden und im 19. Jh. ausgebauten Neuen Festung hat trotz aufwendiger Restaurierung historisch außer klotzigen Mauern wenig zu bieten. Ein perfekter Blick eröffnet sich von den Zinnen hinab auf das im Nachmittagslicht rotgold leuchtende Korfu-Stadt und den Hafen.

■ Solomoú, Mai–Okt. tgl. 9–19 Uhr (aufgrund der Finanzkrise sind hier Änderungen möglich(!), Eintritt frei

Verkehrsmittel

Zentrale Bushaltestelle für die blauen Stadtbusse (siehe S. 134) ist die Platía Theotóki (Sarocco). Der zentrale Busbahnhof der grünen Überlandbusse (siehe S. 134) liegt etwas außerhalb der Stadt.

Taxistände findet man z.B. an der Esplanade, oberhalb des Alten Hafens, oder an der Platía Theotóki.

Fähren nach Igoumenítsa und Italien sowie Ausflugsboote nach Páxos, Párga, Sívota und Albanien starten am Neuen Hafen. ■ Hafenamt, Tel. 2661 04 55 51, www.corfuport.gr

Restaurants

€ | Pane e Souvlaki Kleine, aber feine Grilltaverne am Rathausplatz. Sehr lecker, preiswert und ideal für ein schnelles Mittagessen. ▪ Platía Dimarchíou, Tel. 26 61 02 01 00, www.panesouvlaki.com

€ | Nínos Rustikale Garküche, die mittags, wenn Griechen in die Kochtöpfe schauen, zur Höchstform aufläuft. ▪ Sebastianoú 44, Tel. 26 61 04 61 75

€€ | Fishalida Alles aus dem Meer, was das Herz begehrt! ▪ Lochagoú Spirídonos Vláikou 11, Tel. 26 61 08 21 50

€€ | Tavernáki tis Marínas Korfiotische Gerichte in gemütlicher Atmosphäre. Spezialität ist das inseltypische pikante Fischgericht bourdétto. ▪ Vellissaríou 35, Tel. 26 61 10 07 92

€€€ | Ánthos Abseits vom Trubel gelegenes Familienrestaurant, zeitgenössische Küche mit lokalen Zutaten. ▪ Maniarízi Arlióti 15, Tel. 26 61 03 25 22, tgl. ab 18 Uhr

 €€€ | Venetian Well Exquisite Nouvelle Cuisine – ideal zum Candlelight-Dinner an dem romantischsten Platz der Stadt. Reservierung empfehlenswert! ▪ Platía Kremastí, Tel. 26 61 55 09 55, www.venetianwell.gr, Mo–Sa ab 19 Uhr

ADAC *Mittendrin*

Einst im traditionellen Kaffeehaus (kafenío), heute in stylischen Cafés: Die Korfioten verbringen gern Zeit beim Kaffeetrinken. Wer modern sein möchte, bestellt statt des griechischen Mokkas (ellinikós kafés) eisgekühlten Freddo Espresso, Freddo Cappuccino oder Frappé (löslicher Kaffee). Gefragt wird immer, wie man den Kaffee gerne hätte: »glikó« (viel Zucker), »métrio« (etwas Zucker), »skéto« (ohne alles). Frappé gibt es zudem »me gála« oder »chorís gála«, mit oder ohne Milch.

Im Blickpunkt

Korfiotische Spezialitäten

Selbstverständlich gibt es auf Korfu die allseits bekannten griechischen Gerichte wie Moussaká, Gyros und Souvlaki. Die korfiotische Küche bietet aber auch inseltypische Spezialitäten, die man unbedingt probieren sollte. Klassisch korfiotisch sind pastitsáda (Pasta mit Huhn oder Rind in einer leicht pikanten Tomatensauce), sofríto (Rind in Weißwein-Knoblauch-Sauce) und bourdétto (Fischeintopf meist mit Skorpionsfisch oder Stachelrochen).

Cafés

Bristol Einer der beliebtesten Treffs in der Altstadt. Hier ist den ganzen Tag Betrieb. ▪ Voulgáreos 49, Tel. 69 36 66 01 01

Mikro Café Authentisches Flair an einem kleinen Platz zwischen den Altstadtgassen – auch bei Einheimischen sehr beliebt. ▪ Kotárdou 12, Tel. 26 61 03 10 09

Noak-Azur Stilvolles Café-Bar-Restaurant mit Blick auf die Alte Festung am Meer, tagsüber beliebt zum Kaffee, abends zum Drink. ▪ Leofóros Dimokratías 1, Tel. 26 61 08 07 00, www.naokazur.com

Papagiórgis Berühmte Konditorei für Eis und Süßigkeiten aus regionalen Produkten. ▪ N. Theotóki 32, Tel. 26 61 03 94 74

Stázi méli Die frittierten Hefeteigbällchen loukoumádes mit Honig, Schokolade oder Eis, nach Wunsch auch gefüllt, lassen nicht nur Süßmäuler schwärmen. ■ Gkilford 60, Tel. 26 61 30 05 37, www.stazeimeli.gr

Salto Winebar-Bistro Große Auswahl an exzellenten lokalen Weinen, gern begleitet von kreativen Köstlichkeiten. ■ Danzelot 23, Tel. 26 61 30 23 25, www.saltowinebar.gr, tgl. ab 18.30 Uhr

Einkaufen

Icon Handgemalte Ikonen und andere sakrale Kunst lokaler Künstler z.B. auf Holz. ■ Gkilford 52, Tel. 26 61 40 09 28

Mezzo Mezzo Mode von griechischen Designern sowie die bekannten Ancient Greek Sandals. ■ N. Theotóki 38, www.mezzomezzofashion.com

 Patoúnis Seifenmanufaktur mit über 150-jähriger Tradition, in der es verschiedene Olivenölseifen zu kaufen gibt. ■ I. Theotóki 9, Tel. 26 61 03 98 06, www.patounis.gr, kostenlose Führungen Mo–Fr 12 Uhr

Vormittagsmarkt Fisch, Obst, Gemüse und Gewürze: Unter der Fülle lokaler Produkte findet man auch Spezialitäten wie Äugleinbohnen oder Kumquats. ■ Lochagoú Spirídonos Vláikou, Mo–Sa 7–14 Uhr

Kinder

Kalypso Star Bei einer Tour mit dem Glasbodenboot kann man in anderthalb Stunden Korfus Unterwasserwelt kennenlernen und Fische beobachten. Es geht vom Alten Hafen um die Insel Vido und die Alte Festung in die Gáritsa-Bucht und wieder zurück. ■ Alter Hafen, Tel. 26 61 04 65 25, tgl. 11, 12.30, 13, 15.30 und 17 Uhr, Erwachsene 15 €, Kinder ab 4 Jahren 8 €

Muka Muka Leckere Waffeln mit Eis gefüllt oder kunterbunte Eissorten gefüllt mit Schokolinsen oder -streu-

seln. Das Angebot ist verlockend. ■ Kapodistríou 28, Tel. 26 61 30 10 28

Starbowl Bowlingbahn, Billardtische sowie Indoor- und Outdoor-Spielplatz bieten etwas außerhalb der Stadt viel Freizeitspaß für große und kleine Kinder. ■ Alikés Potámou, Tel. 26 61 02 32 60, Mo–Fr 17–1, Sa, So 11–1 Uhr

Vido Auf der kleinen Insel können Kinder die frei herumlaufenden Fasane, Pfauen und wilde Kaninchen bestaunen.

Events

Über das Jahr verteilt finden in der Inselmetropole diverse Veranstaltungen wie Konzerte und Theateraufführungen statt. Termine werden kurzfristig durch Aushänge bekannt gegeben.

Erlebnisse

Kutschfahrt An der Esplanade und am Alten Hafen starten Pferdekutschen zu Touren rund um die Altstadt (ca. 45 €/ 45 Min.). Verhandeln lohnt!

Vído Im Sommer fahren tgl. zwischen 10–20 Uhr (in der Hochsaison auch später) jede volle Stunde Boote vom Alten Hafen zur vorgelagerten Insel Vído (Hin- und Rückfahrt 2 €). Gebadet wird an kleinen Kiesstränden.

Gáritsa und Anemómylos

*Ländliches Flair und Sehenswürdig-
keiten rund um eine große Bucht*

Dass die Inselmetropole auch mit einer erkundenswerten Neustadt lockt, beweisen die Stadtviertel Gáritsa und Anemómylos rund um die Gárit-sa-Bucht, die im Norden von der Alten Festung begrenzt wird. Verbunden werden die beiden Viertel durch eine etwa 1,5 km lange Uferstraße, die Korfioten gern zum Joggen und Spazie-rengehen nutzen. Landseitig wird sie bis zur Windmühle (griech. anemómy-los) von kleinen Parkanlagen und Bausubstanz aus dem 19. Jh. gesäumt. Sightseeing-Fans sollten unbedingt das Archäologische Museum, den Bri-tischen Friedhof und die Kirche Iáso-nos ke Sossipátrou besuchen.

20 **Archäologisches Museum**
| Museum |
Das 2018 nach langer Renovierung wiedereröffnete und modernisierte

Abstand zum Trubel der Inselhauptstadt gibt es bei einem Vido-Kurztrip

Im Blickpunkt

Kantádes statt Sirtáki – ionische Musik

Nicht nur in der Sprache und in der Küche der Korfioten, auch in der Musik ist der Einfluss der jahrhundertelangen venezianischen Herrschaft unverkennbar. Man muss nur den Kantádes, jenen schwermütigen Liebesliedern lauschen, um das italienische Erbe zu erkennen. Dargeboten werden sie – manchmal auch in Tavernen – von drei von der Gitarre oder auch Mandoline begleiteten Männern, und sie erinnern stark an die aus Italien bekannten Serenaden.

Archäologische Museum kann nicht nur mit über 1600 Exponaten, darunter Keramik- und Marmorobjekten, Bronzeskulpturen und anderen antiken Funden, sondern auch mit dem großartigsten antiken Kunstwerk des Archipels aufwarten: Der riesige Gorgo-Medusa-Giebel (ca. 590 v. Chr.) stammt vom Artemis-Tempel (siehe S. 35) auf der Análipsi-Halbinsel und beeindruckt durch seine strenge Monumentalität. Mit fletschenden Zähnen und bleckender Zunge ist Gorgo-Medusa, deren schlangenumringte Fratze die Zauberkraft hat, das Gegenüber zu versteinern, in dem sogenannten Knielaufschema dargestellt. Sie scheint auf dem Sprung zu sein, denn der Bildhauer hielt hier den Moment kurz vor ihrer Enthauptung durch Perseus fest. Die beiden Kinder, die dem Mythos nach anschließend ihrem Haupt entsprangen, befinden sich neben ihr: zu ihrer Rechten das

Flügelross Pegasus und zur Linken der menschengestaltige Chrysaor. Flankierend zur Seite stehen ihr zwei gefleckte Großkatzen. Sie sind Symbol für die Macht der Medusa über die Tierwelt. Die Giebelecken füllen kleinere Kampfszenen.

Weitere beachtliche Exponate sind der rastende korinthische Löwe (7. Jh. v. Chr.), eine Stele für Arniades (6. Jh. v. Chr.), deren hexametrische Inschrift bustrophedisch (wie der Ochse den Pflug führt) hin- und herläuft, ein spätarchaisches Gastmahlrelief mit Männerpaar (ca. 500 v. Chr.) sowie zwölf Terrakotta-Statuen (480 v. Chr.) der Jagdgöttin Artemis als Hirsch- oder Löwenträgerin.

■ Vráila 1, www.amcorfu.gr, Mi–Mo 8.30–15.30 Uhr, im Sommer länger (siehe Webseite), 6 €, erm. 3 €, Kombiticket siehe »Spartipp« S. 25

21 British Cemetery
| Friedhof |

Auf dem im Jahr 1855 eröffneten Britischen Friedhof befinden sich Gräber aus dem Ersten und aus dem Zweiten Weltkrieg sowie ein Sammelgrab mit Opfern einer Schiffskollision. Hier wird heute noch bestattet, und es ist der einzige Ort auf ganz Korfu, wo Verstorbene auch in Ascheurnen ihren Frieden finden können – denn in der orthodoxen Kirche ist die Feuerbestattung verpönt.

Der Friedhofsgärtner des British Cemetery, Giórgos Psaílas, pflanzte mit großem Eifer auf »seinem« Gottesacker Araukarien, Sequoias, Orchideen sowie ungezählte andere Blumen. 1988 erhielt er für seine in 60-jährigem Einsatz erworbenen Verdienste von der Queen einen Orden.

■ Kolokotróni 8

22 Agíi Iásonas und Sossípatrou
| Kirche |

Die fotogene Kreuzkuppelkirche Agíi Iásonas und Sossipátrou wurde im 11. Jh. aus antiken Steinblöcken und Ziegelschichten aufgemauert. Der Innenraum birgt eine barocke Ikonostase sowie wertvolle Ikonen (um 1650) von Emmanuel Tzánes, einem Vertreter der Kretischen Malschule, darunter die »Jungfrau mit Kind« und »Christus als Weltenherrscher« sowie in der Vorhalle die Darstellungen der beiden Titelheiligen, die Korfu missionierten.
■ Iásonos ke Sossipátrou 23, www.iasonossosipatrou.com, tgl. 9–14 und 18–20.30 Uhr

 Restaurants

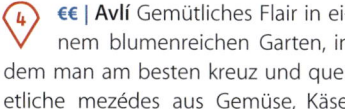 **€€ | Avlí** Gemütliches Flair in einem blumenreichen Garten, in dem man am besten kreuz und quer etliche mezédes aus Gemüse, Käse, Fisch und Fleisch probiert. ■ Alkiviádou Dári 3–5, Tel. 26 61 03 12 91, www.avlicorfu.com

 Cafés

Nautilus Toller Blick auf die Garítsa-Bucht mit der Alten Festung im Hintergrund. Einheimische essen gern eine Kleinigkeit zum Wein oder Bier. ■ Leofóros Dimokratías (neben der Windmühle), Tel. 26 61 02 00 33

 Casinos

Casino Corfu Wer im Urlaub sein Glück versuchen möchte, findet hier eins der ältesten Casinos Griechenlands mit Slotmaschinen, Roulette, Poker und Black Jack. Zutritt ab 21 Jahren. ■ Leofóros Dimokratías 2 (im Hotel Corfu Palace), www.casinocorfu.gr, Live-Spiel 20–4 Uhr, Slotmaschinen durchgehend geöffnet, 6 €

Der Britische Friedhof ist ein geschichtsträchtiger Ort inmitten der Stille

Halbinsel Análipsi
Zeugnisse der Antike, Schlosspark und Aussichtspunkt

Im Schlosspark Mon Repos trifft Natur auf Kultur, auch beim Kardáki-Tempel

■ Parken: Auf der Análipsi-Halbinsel ist die Parkplatzsuche meist kein Problem. Viel Platz findet man etwa am Kloster Vlachérna.

Südl. der Garítsa-Bucht verbergen sich auf der 4 km langen, hügeligen Análipsi-Halbinsel zwischen Altstadt und dem Flughafen einladende Parks, sehenswerte Klöster und Ausgrabungen des antiken Kórkyra. Der berühmte Blick auf die Klosterinsel Vlachérna und die Mäuseinsel Pontikoníssi krönt die Erkundung der Gegend, für die man einen zusätzlichen Tag einplanen sollte. Wer sich nicht am Flughafenlärm stört, kann sich hier auch einquartieren. Am besten erkundet man die

ausgedehnten südl. Stadtviertel mit einem Roller oder Auto.

 Schlosspark Mon Repos
| Park |

Mit seinen Zedern, Lorbeerbäumen und verschlungen durch dichtes Grün führenden Pfaden ist der ausgedehnte Park Mon Repos ein idealer Ort für Spaziergänger oder ein romantisches Stelldichein. Das namengebende Schlösschen im Zentrum des Areals wurde 1828–32 im Regency-Stil für den britischen Gouverneur errichtet. Hier kam 1921 Prinz Philip, der spätere Gatte der Queen, zur Welt. Sein von den Republikanern zum Tode verurteilter Vater Prinz Andreas von Grie-

Plan
S. 37

2 Paleópolis
| Ruine |
In dem frei einsehbaren, umzäunten Ausgrabungsgelände von Paleópolis, der »alten Stadt«, sind die Überreste einer aus antiken Spolien errichteten frühchristlichen Basilika und römische Thermen zu sehen.
 Feákon/ Ecke Dairpféla

3 Artemis-Tempel
| Ruine |
Wenige Besucher verirren sich zu den Fundamenten des archaischen Artemis-Tempels, von welchem der Gorgo-Medusa-Giebel im Archäologischen Museum (siehe S. 31) stammt. Um 590 v. Chr. errichtet, hatte der Kultbau einst Ausmaße von 48 m Länge und 22 m Breite.
■ Agíon Theodóron

4 Kloster Agíon Theodóron
| Kirche |
Die Steine des Artemis-Tempels lieferten Baumaterial für das Nonnenkloster Agíon Theodóron, dessen ältester Kern aus dem 5. Jh. und der größte Teil aus dem 17. Jh. stammt. Sehenswert ist vor allem der von Weinreben umrankte Innenhof.
 Agíon Theodóron/Stratiá, tgl. 9–13 und 17–20 Uhr

5 Kanóni
| Aussichtspunkt |
An der Südspitze des Villenviertels Kanóni bieten Terrassencafés den weltberühmten Fotoblick auf das Vlachérna-Kloster und die Insel Pontikonssíssi. Getrübt wird die Idylle nur

chenland und seine Mutter Alice Battenberg verließen Korfu im September 1922 mit dem erst 18 Monate alten Baby für immer. Heute beherbergt das Schlösschen ein Museum, in dem Möbel, Gemälde und Schriften aus alten Zeiten berichten und das dem antiken Stadtteil Paleópolis gewidmet ist. Im Park sind zudem Reste eines Heratempels (6. bzw. 4. Jh. v. Chr.) sowie weiter südl. die Grundmauern des dorischen Tempels Kardáki von 510 v. Chr. auszumachen.
■ Dairpféla/ Ecke Ártis, Park Di–So 8.30–20, Museum Di–So 8.30–15.30 Uhr (im Sommer auch länger), Tel. 26 61 04 13 69, Eintritt Schloss 4 €, erm. 2 €, Kombiticket siehe Spartipp« S. 25

durch die Lage am Flughafen. Im Sommer donnern hier Chartermaschinen über die Köpfe der Klosterbesucher. Dieses Schauspiel bietet für viele allerdings auch einen besonderen Reiz. Nafsikás

Kloster Vlachérna
| Kirche |

 Schlichtes Kloster in einer absoluten Traumlage

Das über einen Steg zu erreichende weiß gekalkte Vlachérna-Kloster (um 1700) sieht von außen mit seinem weißen Glockensegel weit reizvoller aus als von innen – den Großteil des blumenreichen Klosterhofs nimmt ein Andenkenshop ein. ■ Paleópolis

⑦ Pontikoníssi
| Insel |

Vom Kai beim Kloster Vlachérna bieten Kaikis tagsüber die Überfahrt (hin und zurück 2,50 €) zur verträumten Insel Pontikoníssi (zu deutsch: »Mäuseinsel«), die von Zypressen dicht bestanden ist. Eine Gedenktafel an der Sotíraskirche aus dem 13. Jh. erinnert an einen Besuch der österreichischen Kaiserin Sisi im Jahr 1861.

Restaurants

€–€€ | **Flísvos Seaside** Tolle Lage und typisch griechisches Flair: Vor der Mole zum Kloster Vlachérna gibt es gegrillten Fisch und Meeresfrüchte. ■ Paleópolis, Tel. 26 61 04 61 91

Cafés

Kanóni Das Café am Aussichtspunkt garantiert seit 1864 einen der tollsten Ausblicke der Stadt: auf das Kloster Vlachérna, die Mäuseinsel und die Flugzeuge. ■ Nafsikás, Tel. 26 61 03 17 43, www.cafekanoni.com

Royal Baths Mon Repos Beach-Bar mit schicken Sonnenliegen am Nordrand des Schlossparks, in der sich auch die Städter wie im Urlaub fühlen. ■ Theotóki, Tel. 69 44 46 47 28

Von Kanóni geht der Blick auf das Kloster Vlachérna und die Mäuseinsel

Map

Análipsi

Rokkos

Achiliou · Kosta Georgaki

EO Kerkiras

25

Panagía Kírche

4 **Korfu-Stadt (Kérkyra)**

Leof. Dimokratias

Tassionos ke Sosipatrou

Anemómylos (Windühle)

E.A.K Kérkyras (Nationalstadion)

A. Dessylla

Flughafen Korfu

Paleópolis

Iridanou · Theotoki

Emmanouil

2

Ag. Theodoron

Streita

Udori

Neratzichás Turm

3 **4**

Artemis-Tempel

Kloster Agíon Theodóron

Artis

Paleopolis

Romaïkí Épavli Me Loutrá

1

Schlosspark Mon Repos

Anáplini

Sotira Christoú Kírche

Katakalou

Nafsikes

Analipsi

Kardáki Tempel

Limnothalassa Chalikiópoulou

Paleopolis

Agiá Marína Kírche

Kanóni

5

Nafsikes

Profitis Ilías Kírche

Chrisiida

5

Kloster Vlachérna

6

Notio Steno Kerkiras

Pérama

7 *Pontikoníssi*

Kloster Pontikoníssi

0 — 600 m

---

3 Kontókali

Verschwiegene Villen auf einer Halbinsel nahe der Inselmetropole

Der Charme Kontókalis erschließt sich erst, wenn man die viel befahrene Inselrundstraße verlässt. Auf der kleinen Toúrka-Halbinsel im Norden des weitläufigen Orts hat sich der Villenvorort mit Häusern aus dem 19. Jh. ein wenig ländlichen Charakter bewahrt. Die beiden Sandstrände im Osten der Halbinsel laden zum Baden ein. Von dort hat man einen schönen Blick auf die vorgelagerte Insel Lazareto, die einst Kranken- und Quarantäneinsel der Venezianer war.

🚌 Verkehrsmittel

Bus Die Stadtbuslinie 7 verbindet Kontókali und Gouviá mehrmals täglich mit Korfu-Stadt.

🍴 Restaurants

€€–€€€ | **Roúla** Bei den Einheimischen beliebte Fischtaverne am Meer, in der es auch leckere Pizza gibt – und dazu den Blick auf die Marina. ■ Toúrka-Halbinsel, Tel. 26 61 09 18 32

Im Blickpunkt

Die Abenteuer des Odysseus

»Nenn mir, oh Muse, den Mann« – so beginnt Homers weltberühmtes Epos »Odyssee« (8./7. Jh. v. Chr.), eines der ältesten Werke der abendländischen Literatur. Zehn Jahre schiffte der Held der Erzählung, der listenreiche Odysseus, nach der Zerstörung Trojas durch das Mittelmeer und begegnete Lotusessern, Monstern und schönen Frauen. Aus der Grotte des Kyklopen Polyphem entrann er nur durch seine sprichwörtliche List: Er machte den einäugigen Riesen betrunken und konnte ihm so mit glühendem Pfahl das Auge ausbohren. Der Zauberin Kirke verfiel er ein ganzes Jahr, während seine Gefährten in Schweine verwandelt dahinvegetierten. Er stieg hinab in die Unterwelt, durchschiffte den Sund der Meerungeheuer Skylla und Charybdis und überlebte als einziger Sterblicher den Gesang der Sirenen, indem er sich an den Mastbaum binden ließ, während seine Gefährten mit wachsverstopften Ohren vorbeiruderten. Mit der Nymphe Kalypso vergnügte er sich in der Blauen Grotte. Nackt und schiffbrüchig an den Strand von Korfu gespült, wurde er von der Phäakenprinzessin Nausikaa und ihrem Vater Alkinoos gastfreundlich aufgenommen und mit reichen Geschenken in seine Heimat Ithaka eskortiert. Hinterlassen hat er den Korfioten sein versteinertes Schiff – die Insel Pontikoníssi.

 In der Umgebung

Ioánnis Kapodístrias Museum
| Museum |

Auf dem Landsitz »Koukourítsa« wurde das Landhaus des ersten griechischen Staatspräsidenten, Ioánnis Kapodístrias (siehe S. 66), zum Museum umgewandelt.

■ Evrópouli, Di–So 10–16 Uhr, 5 €, erm. 3 €, www.capodistriasmuseum.com

4 Gouviá

Quirliger Urlaubsort mit Schiffsbautradition und einem großen Jachthafen

Wie fast alle Badeorte entlang der Ostküste erstrecken sich auch Gouviá und Kontókali zwischen Straße und Meer. Wichtigster Anziehungspunkt zwischen diesen beiden Ortschaften ist Korfus größte Marina am südlichen Ende der gemeinsamen Bucht – hier können über 1200 Jachten ankern. In der weitläufigen Anlage mit Cafés und Fischrestaurant lohnt auch für Landratten der Spaziergang. Von der Tradition des Schiffbaus in der Gegend zeugen die markanten Bögen einer venezianischen Werft von 1716. Am anschließenden Sand-Kies-Strand sind Sonnenstühle aufgereiht.

 Restaurants

€€ | **O Sole Mio** Echte italienische Pizza und Pasta gekocht vom Neapolitaner mit Zutaten aus Italien, serviert in einem kleinen Hof. ■ Straße zwischen Gouviá und Kontókali, Tel. 26 61 09 03 16, www.osolemiocorfu.com

Ein herausragender Platz: In der Bucht von Gouviá liegt die Ipapanti-Kapelle

Übernachten

Auf der Suche nach städtischem mediterranen Flair werden Urlauber in Korfu-Stadt fündig. Viele charmante Unterkünfte liegen dort im mittleren Preissegment. Flugzeugfans sollten sich auf der Análipsi-Halbinsel einquartieren, für Lärmempfindliche ist sie aber nichts. Für diejenigen, die Stadt- und Strandurlaub miteinander kombinieren möchten, lohnt dank Nähe zur Stadt und guter Busanbindung die Übernachtung in Kontókali und Gouviá.

Korfu-Stadt 18

(6) €€ | **Bella Venezia** Herzlich und gleichzeitig sehr professionell geführtes Boutique-Hotel in einem geschmackvoll eingerichteten Herrenhaus aus dem 19. Jh., in dem viele Stammgäste einkehren. ■ N. Zambéli 4, Tel. 26 61 04 65 00, www.bella veneziahotel.com

€€ | **Cavalieri** Das alteingesessene, etwas in die Jahre gekommene Hotel bietet viel Patina und eine schöne Dachterrasse für den Sundowner mit Blick auf die Alte Festung und über die Dächer der Stadt. ■ Kapodistríou 4, Tel. 26 61 03 90 41, www.cavalieri-hotel-corfu-town.com

€€ | **Konstantinoúpolis** Traditionelles Haus aus dem Jahr 1862 mit nostalgischem Flair am Alten Hafen gelegen. 31 Zimmer mit teilweise fantastischem Blick. Netter Service, abends ist es hier aber nicht ganz leise. ■ Zavitsianoú 11, Tel. 26 61 04 87 16, www.konstantinoupolis.gr

€€ | **Locandiera** Kleine Wohlfühloase hinter der Esplanade, individuell eingerichtete Zimmer und leckeres Frühstück mit hausgemachten Köstlichkeiten. ■ Ioánnou Gennatá 8 (Altstadt), Tel. 26 61 03 90 35, www.locorfu.com

€€ | **Mayor Mon Repos Palace** Sehr gepflegtes Stadthotel mit kleinem Pool an der Uferpromenade – nur für Erwachsene. Von vielen der modern eingerichteten Zimmer hat der Gast einen schönen Blick auf's Meer. ■ Iásonos ke Sosipátrou 47 (Anemómilos), Tel. 26 61 03 27 83, www.mayormon repospalace.com

€€ | **Puppet Guesthouse** Gästehaus mit nur drei originellen, mit viel Liebe zum Detail eingerichteten Zimmern im Herzen der Altstadt. Das angeschlossene Café, in dem das köstliche Frühstück serviert wird, ist rauchfrei (!). Mindestaufenthalt zwei Nächte. ■ Dimárchou Kólla 1, Tel. 26 61 04 07 07

Halbinsel Análipsi 34

€€ | **Anna Apartments** Einfach, aber charmant und zweckmäßig eingerichtete und herzlich geführte Apartments in nächster Nähe zur Landebahn, daher ideal für Liebhaber von Flugzeugen, die sich an startenden und landenden Maschinen satt sehen möchten. ■ Paleópolis (nah am Kloster Vlachérna), Tel. 26 61 02 44 45, www.annaapartments.com

€€€ | **Divani Corfu Palace** Auch dieses Haus liegt in der Nähe des Flughafens und ist etwas in die Jahre

gekommen. Den Blick auf die Lande-
bahn und das Ionische Meer gibt es
hier direkt vom Pool. ■ Nafsikás 20,
Tel. 26 61 03 89 96, www.divanicorfu
hotel.com

Kontókali 37

€ | Stávros Apartments Familie Kor-
fiátis vermietet neun einfache Studios und Apartments in einem Haus
direkt an der Hauptstraße des Dorfes,
nahe der Marina. ■ Am Ortsrand von
Kontókali, Tel. 26 61 09 12 94, www.
stavros-apartments.com

€€€ | Kontokáli Bay Toll gelegenes
5-Sterne-Resort mit Spa und herrlicher Aussicht. Während des Aufenthalts sorgen der private Strand vor
der Haustür und diverse Freizeitmög-
lichkeiten für Abwechslung. ■ Toúrka-Halbinsel, Tel. 26 61 09 90 00, www.
kontokalibay.com

Gouviá 38

€€ | Iliada Beach Hotel Nur wenige
Meter vom Strand entfernt gelegenes
Mittelklasse-Hotel mit freundlichem
und hilfsbereitem Service sowie einem gepflegten Garten. Bäder und
Superior Zimmer wurden kürzlich re-
noviert. ■ Am Strand nahe der Werftrui-
ne , Tel. 26 61 09 13 60, www.iliadabeach.
com

€€ | Palapart Gikas Suites Geräumige
Studios und Apartments in einem
neuen Gebäudekomplex mit Pool
und Rooftop-Bar. ■ Landseitig der
Schnellstraße, Tel. 26 61 09 95 37, www.
palapartgikas.com

€€€ | Art Hotel Debono Charmantes
Hotel im Olivenhain mit freundlichem Service, toller Poolanlage, Ten-
nisplatz und reichhaltigem Frühstück.
■ Landseitig der Schnellstraße, Tel. 26 61
09 02 20, www.arthoteldebono.com

Am Pool des Art Hotel Debono in Gouviá lässt es sich garantiert entspannen

Der Süden – Korfu für Naturliebhaber

Korfus bekannteste Sehenswürdigkeit, ruhigere Ferienorte, lange Sand-
strände und ursprüngliche Dörfer – eingebettet in Hügelland.

Bis auf die quirligeren Ferienorte Benítses, Moraítika und Messongí und vom »Ballermann« Kávos einmal abge-sehen steht im Inselsüden vor allem Ruhe auf dem Programm. Östl. des Städtchens Lefkímmi, das sich sein ur-sprüngliches Flair bewahrt hat, ver-sprechen winzige Küstenorte viel Platz für Einsamkeitsfans. An der von Sand-stränden gesäumten Südwestküste ist hingegen etwas mehr los – vor allem in den Küstenorten Ágios Geórgios Argyrádon und Ágios Górdis sowie an den über Stichstraßen erreichbaren Stränden. In Dörfern im Landesinne-ren wie Chlomós oder Sinarádes geht das korfiotische Leben noch seinen althergebrachten Gang. Naturfans kommen insbesondere bei den Sali-nen in der Bucht von Lefkímmi, am Korrissión-See nordwestl. von Ágios Geórgios Argyrádon und dank der Olivenfelder auf ihre Kosten. Absolutes Highlight – nicht nur für eingefleischte

Sisi-Fans – ist das Achílleion – Korfus berühmteste Sehenswürdigkeit.

In diesem Kapitel:

ADAC Top Tipps:

 Achílleion
| Bauwerk |
Die Sommerresidenz der mitteleuro-päischen Monarchen – das »Sisi-Schloss« – begeistert mit einer herrlichen Aussicht. 44

 Chlomós
| Ortsbild |
Ein Spaziergang durch das Berg-dorf führt durch Gassen mit wunder-schöner Bausubstanz. 49

ADAC Empfehlungen:

 Tsami Ceramics, Achílleion
| Geschäft |
Traditionelles Töpferhandwerk modern interpretiert. 46

 Spíros Karídis, Boúkari
| Restaurant |
Fischrestaurant in winzigem Weiler mit langer Tradition. 49

 Chalikoúnas
| Strand |
Sanddünen so weit das Auge reicht – ideal für Ruhesuchende. 54

 Alonáki Bay
| Restaurant |
Abgelegene, blumenreiche Taverne mit Blick auf die Brandung. 55

 Kaizer's Throne
| Aussichtspunkt |
Fantastisches Panorama über Insel und Meer – auch zum Sonnenunter-gang großartig. 57

Ambelónas
| Restaurant |
Hervorragende korfiotische Küche in herrlichem Ambiente. 58

Villa Panoréa, Moraítika
| Hotel |
Einfache, strandnahe Wohneinheiten in schönem Garten. 60

Viele Skulpturen schmücken den schönen Säulengang im Achílleion-Garten

5 Achílleion

Kaiserin Sisis Märchenpalast und Antikentraum

Korfus meistbesuchte Attraktion ist das auf einem Hügel bei Gastoúri in einen skulpturengeschmückten Garten eingebettete Achílleion. 1889 hatte die österreichische Kaiserin Sisi das Grundstück mit der damaligen Villa Braila erworben, um sie in zwei Jahren Bauzeit von dem Neapolitaner Raffaele Caritto zu einer pompösen Residenz im altgriechisch-pompejanischen Stil umbauen zu lassen. So entstand das bis heute weitgehend im Originalzustand erhaltene Achílleion, das seinen Namen Sisis Leidenschaft für die griechische Mythologie und speziell für den Helden Achill (siehe Kasten) verdankt. 1907, neun Jahre nach Sisis Tod, kaufte Kaiser Wilhelm II. das Anwesen,

in dem er bis 1914 jedes Frühjahr mit seiner Familie weilte. Im Ersten und Zweiten Weltkrieg diente es als Militärhospiz sowie als Hauptquartier der italienischen und deutschen Besatzer, später als Wohnheim, Schule, Kinderheim und erstes Kasino Griechenlands, das mittlerweile in das Corfu Holiday Palace Hotel in Korfu-Stadt umgezogen ist. 1994 fand eine Gipfelkonferenz der Europäischen Staatengemeinschaft hier statt. Öffentlich zugänglich sind das Erdgeschoss mit seinem riesigen, von feinen Fresken geschmückten Vestibül und Teile des subtropischen Gartens.

Sisis Märchenpalast weckt unterschiedliche Gefühle: Viele sind von dem reichen Zierrat an Säulen, Säulchen und Skulpturen begeistert, andere empfinden ihn als geschmacklosen Kitsch. Dies gilt nicht nur für die strahlend weiße, figurenbestückte Fassade,

Im Blickpunkt

Sisi und Wilhelm II. – zwei konträre Griechenlandliebhaber

»Mein Held ist Achill. Er hat alle Könige verachtet und nur in seinen Träumen gelebt«, vertraute die österreichische Kaiserin Sisi (1837–98) ihrem Tagebuch an. Denn die bayerische Prinzessin, früh vom Wiener Hof enttäuscht und ihrem pedantischen kaiserlichen Gatten Franz Joseph innerlich entfremdet, entwickelte neben einer Vorliebe für Parforcejagden auch eine Schwärmerei für die griechische Antike. Gerade der homerische Einzelgänger Achill wurde ihr persönlicher Favorit.

Nachdem sie Korfu 1861 schon einmal durchstreift hatte, ließ sie im Achílleion für 9 Mio. Goldfrancs ihre kaiserlichen Fantasien in Stein bannen. Überschwänglich berichtet die Kaiserin in Briefen von der Schönheit der Insel und den Begegnungen mit dem Landvolk. Sie träumte davon, auf Korfu Frieden im Leben und Tod zu finden. Er war ihr nicht vergönnt. Nach dem Freitod ihres Sohnes Rudolf 1889, von dem sie im Achílleion erfuhr, nahm sie ihr rastloses Reiseleben wieder auf, dem schließlich im Jahr 1898 ein Anarchist ein blutiges Ende bereitete.

Nicht den Rebellen, sondern den siegreichen Militär sah Kaiser Wilhelm II. (1859–1941) in Achill. Der Hobbyarchäologe, von seinem Hauslehrer Hinzpeter in Altgriechisch gedrillt, erwarb 1907 die Villa und setzte martialische Akzente. Vor den leidenden Heroen Achilles der Kaiserin Sisi, ein neubarockes Werk im Stile Berninis, stellte er eine selbst entworfene Version des griechischen Helden in Form eines 5,5 m hohen Bronzekolosses. Doch die Vorstellung, dass das deutsche Heer ähnlich erfolgreich sein würde wie der mythische Held, erwies sich als Irrglaube. 1918 hatte Wilhelm II. den Krieg, den Thron und das Achílleion mitsamt seinem ledernen Lieblingsstuhl in Form eines Sattels verloren. So vereint dieser Ort die unerfüllten Träume zweier Majestäten, die Achill auf unterschiedliche Weise verehrten.

sondern auch für die bis ins kleinste Detail von der Kaiserin selbst ausgestalteten Innenräume. Interessant sind die hier ausgestellten, teils persönlichen Erinnerungsstücke von Sisi und Kaiser Wilhelm II.

Über eine repräsentative Treppe mit skulpturengeschmücktem Geländer gelangt man, vorbei an bemalten Stuckwänden und Skulpturen griechischer Götter, ins Obergeschoss. Hier stößt man auf das martialische Kolossalgemälde »Der Triumph des Achilles« (1892) des Österreichers Franz Matsch (1861–1942), auf dem Achill die Leiche des besiegten Hektor um die Mauern Trojas schleift.

ADAC *Mobil*

Wer nicht per Bus oder Taxi zum Achílleion fährt, sondern mit dem Mietwagen unterwegs ist, muss den Weg von Norden her durch Gastoúri nehmen. Die Zufahrtsstraße, die westl. in Benítses von der Küstenstraße landeinwärts abzweigt, wird tagsüber rund um das Schloss zur Einbahnstraße. Man muss das Auto dann etwas weiter weg abstellen.

Vom Obergeschoss geht es zum marmorgepflasterten Peristyl mit Arion-Brunnen. Die Säulenhalle ist auf der Innenseite mit 13 Büsten antiker Philosophen und William Shakespeares und auf der Säulenseite mit Statuen der neun Musen, der drei Grazien und des Apoll geschmückt. Im Park fesselt Kaiserin Sisis Lieblingsstatue, der von Ernst Herter geschaffene »Sterbende Achill« (1881), der sich den Pfeil aus der Ferse zu ziehen versucht, den Blick.

Auf der großen Aussichtsterrasse dahinter, in die der Garten mündet, ragt die von Wilhelm II. entworfene monumentale Bronzestatue des »Siegreichen Achill« auf. Einst führte von hier ein Gartenweg hinunter zur Küste und zu Kaizer's Bridge (siehe S. 47).

Besuchern stehen am Eingang Audioguides (auch deutschsprachige) mit vielen Infos zu den ausgestellten Objekten zur Verfügung.

■ Gastoúri (EO Kerkiras Achiliou), April–Okt. tgl. 8–20, Nov.–März tgl. 8–16 Uhr, Tel. 26 61 05 62 10, www.achillion-corfu.gr, 8 €, erm. 6 €, Kinder unter 5 Jahren frei, Familienticket 15 €

 Verkehrsmittel

Von der Mitropolítou Methodíou in Korfu-Stadt und vom Busbahnhof »Green Bus Station« fährt zwischen 7 und 20 Uhr alle 1–2 Stunden ein Bus zum Achílleion und wieder zurück (Ticket 1,70 €, Kinder 0,80 €).

 Restaurants

€€ | **To Poulí tsi Kótas** Nostalgisches Musiklokal mit vielem aus dem eigenen Anbau, das abends auf den Tisch kommt: Spezialitäten sind bekrí mezé (Schweinefleisch mit Paprika) und imám (Auberginen auf türkische Art). ■ Ortskern von Gastoúri, Tel. 26 61 05 65 61

 Einkaufen

⑦ **Tsámi Ceramics** Farbenfrohe Deko-Objekte und Gebrauchskeramik von den Töpferinnen Loúla und Anna Tsámi. ■ EO Kerkiras Achiliou (Zufahrtsstraße zum Achílleion), Tel. 26 61 05 65 38, www.tsamiceramics.gr

6 Benítses

Beliebter Urlaubsort von Briten und Osteuropäern mit schmalem Strand

Individualreisende trifft man in Benítses nur selten. Das gern von Reiseveranstaltern angebotene und bei vielen osteuropäischen Familien beliebte Benítses hat sich in den letzten Jahren vom einstigen Ziel des Massentourismus zu einem eher beschaulichen Badeort – allerdings ohne viel Flair – entwickelt. Der Kieselstrand im Bereich des Zentrums ist oft nur handtuchbreit, doch gibt es auch zahlreiche kleine Kieselbuchten unterhalb der Küstenstraße, wo einfache Tavernen Liegestühle vermieten. Wem es hier zu trubelig ist, kann in die stillere Oberstadt des einstigen Fischerdorfs spazieren. Archäologisch Interessierte folgen den Schildern zu den unspektakulären Ruinen eines römischen Bades aus dem 2. Jh. Erhalten sind dort jedoch nur ein Becken und Teile der Außenmauer einer Villa.

Sehenswert

Corfu Shell Museum

| Museum |

Die große, eher skurrile Privatsammlung von Museumsgründer Napoléon Sagiás birgt Tausende Muscheln aus der ganzen Welt, Haifischzähne, ein Walskelett, Korallen und mehr.

◼ Hauptstraße, Mai–Okt. tgl. 10–18 Uhr, Tel. 26 61 07 22 27, 4 €

Kaizer's Bridge

| Denkmal |

Der Steg, von dem heute nur noch ein Rest erhalten ist, war zu Zeiten Kaiser Wilhelms II. die Verlängerung einer

ADAC *Mittendrin*

Aristoteles Onassis und Anthony Quinn waren schon hier, viele Busgruppen auch, die meist erst das benachbarte Olivenölmuseum besuchen. Die 1936 gegründete **Taverna Tripa**, die sich vom Lebensmittelladen zum beliebten Treff der Korfioten wandelte, begeistert mit ihrem Konzept, das mit Livemusik und ansprechender Deko an alte Zeiten erinnert. In uriger Atmosphäre werden zwischen staubigen Flaschen und alten Fotos Spezialitäten wie Lamm am Spieß und in Pergament gegartes Rindfleisch serviert – alles im Rahmen eines festen Menüs bestehend aus Vorspeise, Hauptgericht und Nachtisch, begleitet von süffigem Hauswein. Reservierung empfehlenswert.

Tgl. ab 20 Uhr, Kynopiástes, 4 km westl. von Gastoúri, Tel. 26 61 05 63 33, www.tripas.gr

Brücke zum Achílleion. Heute ist der bei Anglern beliebte Privatkai mit Marmordelfinen nur noch von der Uferstraße aus zu betreten, die eigentliche Brücke wurde 1944 von deutschen Truppen gesprengt, da sie den Transport eines schweren Geschützes behinderte.

◼ Nördl. Ortsrand

Restaurants

€€ | **Klimatariá** Vor allem die Vorspeisen stechen aus dem Angebot dieses guten und sehr beliebten Fischrestaurants hervor. Es gibt gigantes (Riesenbohnen), gebackenen Käse und typische korfiotische Hausmannskost. ◼ Im begrünten Bereich gegenüber der Marina, Tel. 26 61 07 12 01, www.klimataria-restaurant.gr

€€ | **Oraies Benítses** Freundlicher Service mitten in der Tavernenmeile. Es gibt leckere korfiotische Gerichte, aber auch Meeresfrüchte und Fisch. ■ Im begrünten Bereich gegenüber der Marina, Tel. 26 61 07 27 50

7 Moraítika–Messongí

Lebhafte Urlaubsorte mit langem Strand, interessante Dörfer im Hinterland

Die Urlaubsorte Moraítika und Messongí scheinen zusammengewachsen zu sein. Getrennt werden die beiden lediglich durch einen Fluss. Moraítika, das sich bereits in den 1980er-Jahren vom Fischerdorf zum Urlaubsort entwickelt hat, lockt mit einem etwa 5 m breiten, abseits vom Autolärm liegenden Strand, der aus grobem Sand besteht. In dem lang gezogenen Straßenort gibt es viele Imbissbuden, dazu jede Menge Motorradvermieter und Supermärkte.

Wer es etwas ursprünglicher mag, zieht sich zum Sonnenuntergang in eine der Tavernen im »alten Dorf« zurück. Das angrenzende Messongí mit seinem etwas mehr erhaltenen ländlichen Charme abseits der Großhotels wird besonders von Familien als Urlaubsort geschätzt.

Sowohl bei Moraitiká als auch bei Messongí fällt das Wasser flach ab, sodass die Strände auch für Kinder gut geeignet sind. An der Küstenstraße Richtung Boúkari (siehe S. 49 bei »Spíros Karídis«) prägen dezente griechische Ferienhäuser und verträumte Ufertavernen das Bild.

 Restaurants

€ | **The Village Taverna** Griechische Gastfreundschaft bei Níkos und seiner Familie – viele Stammgäste, landestypische Spezialitäten und leckeres Fleisch. Wie der Name schon sagt: mit Dorfatmosphäre. ■ Altes Dorf Moraítika (ausgeschildert), tgl. ab 18 Uhr, Tel. 26 61 07 64 03

€€ | **Zak's Tavern** Gipskitsch, viele Blumen und aufmerksamer Service an der Hauptstraße nach Moraítika. Vorzügliche mezédes. ■ Hauptstraße, Messongí, Tel. 26 61 07 60 36

 Erlebnisse

Corfu Bicycles Verleih von Montainbikes, Rennrädern und City-Bikes in sehr gutem Zustand sowie geführte Touren auf Korfu und Páxos. ■ Nördl. Parallelstraße zum Fluss, Moraítika, Mo–So 8.30–21 Uhr, Tel. 69 49 03 30 35, www. corfubicycles.com

Stefanos Boats Verleih von Motorbooten (ab 95 €/Tag exklusive Sprit)

ADAC *Wussten Sie schon?*

Pur, als Aperitif oder Digestif, so kennen die meisten den **Ouzo** aus Deutschland vom Griechen um die Ecke. In Griechenland trinkt man den berühmten Anisschnaps jedoch anders – langsamer und genüsslicher am liebsten zu mezédes oder zu Fisch am Meer. Wenn Griechen Ouzo bestellen, wird er zudem nicht als »Kurzer«, sondern in einer kleinen Flasche für mehrere Personen serviert. Nach Belieben trinkt man ihn auf Eis und/oder mit Wasser verdünnt.

mit Platz für 4–6 Personen – bis zu 30 PS auch ohne Bootsführerschein.
■ Südl. des Flusses, Messongí, Tel. 69 76 01 80 03, www.stefanos-boats.gr

 In der Umgebung

Ágios Matthéos
| Ort |
Das große Bergdorf Ágios Matthéos liegt mitten im Grünen in Hanglage und verspricht einen guten Einblick in das korfiotische Dorfleben. Zwischen den Häusern in den verschachtelten Gassen nimmt der Alltag abseits des Tourismustrubels seinen Lauf. In Tavernen, kafenía und Cafés sitzt man daher vorwiegend zwischen Korfioten jeden Alters. Oberhalb des Dorfs lockt auf gut 450 m Höhe das Kloster Pantokrátoras aus dem 14. Jh. Entdecker zu einem Besuch. Belohnt wird man mit einem herrlichen Blick auf die Landschaft und das Meer.

8 Chlomós

 Hübsche historische Bausubstanz mit grandiosem Fernblick

Das auf 300–350 m Höhe gelegene Bergdorf oberhalb von Messongí ist nicht nur für Architektur- und Fotografiefans einen Ausflug wert. Chlomós fasziniert mit uralter Bausubstanz, die zum Teil aus venezianischer Zeit stammt. Die verwinkelten, teils blumengeschmückten Gassen, die sich den Hang hinaufziehen, bergen verzierte Torbögen, Türstürze und Fensterrahmen. Viele hübsch restaurierte Häuser mit markanten Ziegeldächern verdankt der Ort begeisterten Nord- und Mitteleuropäern, die hier gekauft haben. Atemberaubend ist auch der

Panoramablick über das tiefe Grün, die Küstenorte und das Meer bis hin zum griechischen Festland. Wer diesen genießen will, setzt sich in eine der Tavernen am unteren Ortsrand oder auf den Kirchplatz der Taxiárchis-Kirche.

 Restaurants

€ | **Balís** Grandiose Aussicht zum Kaffeetrinken, aber auch zum Essen. Serviert werden leckere Fleisch- und Fischgerichte in großen Portionen und frische Salate. Am Wochenende Livemusik. ■ Unterer Dorfrand, Tel. 26 62 05 24 49, www.corfu-balis.gr

€€€ | **Spíros Karídis** Gleich unterhalb von Chlomós und 3 km westl. von Messongí liegt das winzige Fischeridyll Boúkari. Am kleinen, flach ins Meer abfallenden Kiesstrand spenden Tamarisken Schatten. Rund um den kleinen Küstenort laden zudem viele winzige Buchten zu einem Sprung ins kühle Nass ein. Bei den Einheimischen ist Boúkari vor allem wegen der guten Fischtavernen beliebt. Besonders an Sonntagen trifft man sich hier gern. Frischer Fisch, köstliche Meeresfrüchte, Hummer und leckere mezédes direkt am Meer. Den frischen Fisch darf man sich selbst aus dem Kühlschrank aussuchen. Die am Wochenende oft volle Fischtaverne ist

Gefällt Ihnen das?

Wer gern Zeit unter Einheimischen verbringt, ist in **Ágios Matthéos** (S. 49) richtig. Mehr Korfioten als Urlauber gibt es aber auch in **Lefkímmi** (S. 51), in **Liapádes** (S. 92) und natürlich auf dem Festland in **Ioánnina** (S. 110).

In der Landschaft rund um Lefkímmi findet der Besucher viele kleine Dörfer

die renommierteste im Süden der Insel. Zeit mitbringen! ■ Küstenstraße, Boúkari, Tel. 26 62 05 18 76

🛍 Einkaufen

€ | Iónios Ánemos Kunterbunte selbst gestaltete Souvenirs wie bemalte Ziegel und Holz, Schnitzereien aus Olivenholz und schnuckelige Deko aus Naturmaterialien. ■ Oberer Ortsrand, Tel. 69 74 59 91 87 (mobil)

9 Bucht von Lefkímmi

Winzige Weiler und ruhige Mini-Buchten für individuelle Badefreuden

Die Bucht von Lefkímmi ist locker bebaut und ideal für alle, die die Einsamkeit mögen. Wer hier urlaubt, wohnt in kleinen Pensionen, lauscht zahllosen

Zikaden, badet an leeren Badeplätzen und genießt in einfachen Tavernen frischen Fisch. Ein besonderes Vergnügen bieten die frühen Morgenstunden oder die Dämmerung am Fischerhafen von Petríti, dem westlichsten Weiler der Bucht, wo Fischer direkt von den bunt lackierten hölzernen Fischerbooten, kaíkia, ihren Fang verkaufen und Netze geflickt werden. Im östl. Ortsteil liegen die Tavernen gleich am Wasser. Dann schließt sich der kleine Kies-Sand-Strand mit Blick auf ein winziges Felseninselchen mit drei Kreuzen an. Östl. von Petríti lädt der sandig-kiesige Nótos Beach zum Baden ein. Originell ist das Flair bei der Taverne Panórama, wo Sonnenliegen auf mehreren Ebenen des Gartens zwischen prächtigen Blumen, Obstbäumen, Palmen und Statuen griechischer Götter stehen und Stufen zu winzigen Kiesbuchten führen. Etwa einen halben

Kilometer weiter östl. lockt der kiesig-felsige Sávvas Beach bei der gleichnamigen Taverne vor allem Schnorchelfans an. Der folgende flach abfallende Kies-Sand-Strand, Kalliviótis genannt, ist besonders für Familien mit kleinen Kindern gut geeignet. Ganz im Westen der Bucht sind über Lefkími die Mini-Streusiedlungen Mólos mit grobem Sandstrand vor tiefgrünen Olivenhainen und das landschaftlich karge Alikés erreichbar. Bei Alikés, das den Namen einer Saline aus dem 15. Jh. verdankt, können Vogelfreunde Zugvögel und Möwen und im Winter Flamingos beobachten.

Restaurants

€ | Sávvas Familiär geführte Taverne in etwas erhöhter Lage nahe am Meer. Es gibt leckere regionale Spezialitäten und Meeresfrüchtegerichte. ■ Uferstraße, Nótos, Tel. 26 62 05 17 42, www. tavernasavvascorfu.gr

€€ | Limnopoúla Bodenständige Küche mit frischem Fisch und schmackhaften Meeresfrüchten auf einer Holzterrasse direkt am Wasser. ■ Uferstraße, Petríti, Tel. 26 62 05 22 16, www.taverna limnopoula.gr

10 Lefkími

Ländliche Beschaulichkeit in Südkorfus größtem und traditionellstem Ort

Lefkími ist mit 5000 Einwohnern der zweitgrößte Ort der Insel – und wird doch nur von einem Bruchteil der Korfutouristen besucht. Als Hauptattraktion des Städtchens, das aus den fünf Dörfern Rigaládes, Anapládes, Ágios Theódoros, Potámi und Melíkia zusammengewachsen ist, gilt der zum

Kanal ausgeschachtete Fluss, der wie eine beschauliche Gracht voller ankernder Fischerboote das Stadtzentrum kreuzt. In Lefkími geht das griechische Landleben noch seinen angestammten Gang, in den Läden kaufen manchmal noch Frauen mit schwarzer Tracht und Kopftüchern ein, und selten muss man sogar noch einem Esel ausweichen, der Olivenholzscheite schleppt. Wer in der Gegend baden möchte, erreicht über die Stra-

Gefällt Ihnen das?

Abseits des Trubels am Meer sitzen und Fisch genießen? Das kann man nicht nur in den winzigen Weilern der Bucht von Lefkími, sondern z. B. auch am **Prasoúdi-Strand** (S. 55), in **Avláki** (S. 74) oder in **Astrakerí** (S. 82).

ße parallel zum rechten Flussufer den schönen Boúka Beach, der sich südl. der Flussmündung erstreckt und dank des flach ins Meer abfallenden Sandes auch für Familien mit Kleinkindern gut geeignet ist.

Sehenswert

Kyrá ton Aggélon
| Kirche |

Schilder mit der Aufschrift »Convent of the Lady of Kokkináda« führen aus Lefkími zum Kloster, das der Mariä Entschlafung geweiht ist und bereits im Jahr 1696 gegründet wurde. Die wenigen hier noch lebenden Nonnen führen die Besucher gerne in die Kirche, die aus dem Gründungsjahr stammt, allerdings nicht mit bedeutenden kunsthistorischen Highlights aufwarten kann.

◾ Gut 1 km nordwestl. des Ortskerns, Sommer Di, Mi, Fr–So 8–13 und 17–21, Winter Di, Mi, Fr–So 8–13 und 16–18 Uhr

 Restaurants

€ | Giasemí Bei gemütlicher, jugendlicher Atmosphäre werden einfache mezédes, leckere Grillgerichte sowie Gyros-Pita serviert – auch für den kleinen Geldbeutel. Am Wochenende manchmal Livemusik. ◾ 21 Martíou (Ortsteil Rigaládes), Tel. 69 73 36 59 87, tgl. ab 18 Uhr

ADAC *Mobil*

Wer Ausflüge unternehmen möchte und im Süden der Insel seinen Urlaub verbringt, muss nicht zum Hafen von Korfu-Stadt fahren. Vom Hafen westl. von Lefkímmi verkehren täglich Fähren von/nach Igoumenítsa (www.lefkimmilines.gr). Im Sommer starten dort außerdem mehrmals wöchentlich Ausflugsboote nach Páxos (siehe S. 98), zu den Blauen Grotten und Sívota an der Westküste (siehe S. 117) sowie nach Párga (siehe S. 116). *Infos bei Corfu Cruises (www.corfucruises.com) und Ionian Cruises (www.ionian-cruises.com)*

11 Kávos

Korfus »Ballermann« – Urlaub in Ekstase, beliebt bei jungen Briten

Kaum deutsche Touristen zieht es in den Briten-Ballermann Kávos mit seinen Pubs, Videosälen und den ausschweifenden Partynächten. Jedenfalls haben sich die Fischer längst zurückgezogen und den unter 25-Jährigen das Feld und die eher mäßigen Sandstrände überlassen. Individualreisende brauchen Kávos also erst gar nicht zu besuchen.

Unberührt vom Rummel ist hingegen die Südspitze Korfus geblieben. Schilder weisen ab dem südl. Ortsrand den Weg zum »Monastery of the Blessed Virgin Mary 1700«. Nach etwa 3 km holpriger Strecke ist die Klosterruine Panagía Arkoudíla auf dem 134 m hohen Kap Asprókavos erreicht. Von dort lässt sich bei klarem Wetter bis Páxos schauen und auf Klippenpfaden zum einsamen, von Felsen gerahmten Arkoudíla-Strand hinuntersteigen. Auch der Sandstrand Agíou Górdi Paleochóri beim Kap Arkoudíla verheißt Badefreuden ohne Massenandrang, und in Dörfern wie Sparterá, Dragotína und Kritiká kämpfen wie eh und je ältere Herren beim Schwingen der Rosenkranz ähnlichen Ketten komboloi gegen die Langeweile an.

 Restaurants

€€ | Roússos Farbenfrohe griechische Stühle, familiäre Atmosphäre und griechische Küche abseits des Trubels unterm Blätterdach am Meer. ◾ Nördl. Strandende, Tel. 26 62 06 11 22, www.roussos-studios.com

 Erlebnisse

Trident Speedboat Cruises Schnell und mit maximal 20 Personen geht es von Kávos mit dem Speedboat entweder nach Sívota und zur Blauen Lagune (35 €) oder nach Páxos und Antípaxos (40 €). ◾ Südl. Ortskern, Tel. 69 44 32 57 68, www.tridentcruises.gr

Events

Volksfest zu Ehren des hl. Prokópios am 8. Juli mit Volkstanzdarbietungen. Auch traditionelle Trachten sind hier zu sehen.

12 Ágios Geórgios Argyrádon

Urlaubsort für Surfer und Sandwanderer; ein Paradies für Zugvögel

So weit das Auge reicht, erstrecken sich kilometerlang rötlicher Sand und eher flache Dünen. Der lang gestreckte Küstenort Ágios Geórgios Argyrádon (auch: Ágios Geórgios South), dessen touristische Infrastruktur an der weiten Uferstraße bis zum Marathiás-Strand im Süden aufgereiht ist, umwirbt gezielt Surfer und Kiter, die an der windreichen Küste in ihrem Element sind. Von einem unscheinbaren kleinen Anleger im nördl. Teil des Ortes starten in der Saison manchmal Ausflugsboote (Informationen bei den Reiseagenturen an der Hauptstraße). Gebadet wird besonders gern am langen, sandigen Íssos-Strand nordwestl. des Ortskerns. Recht ursprünglich geblieben ist das zugehörige Binnendorf Argyrádes: An einer der Zufahrten warnt ein Straßenschild davor, dass sich der Dorfweg auf autountaugliche 1,70 m verengt.

 Restaurants

€€ | **Kafésas** Im alteingesessenen Kultlokal mit der Meerblick-Terrasse werden Gäste seit über 30 Jahren mit köstlicher griechischer Hausmannskost und frischem Fisch verwöhnt. Gelegentlich Livemusik. ■ Uferstraße, südl. Ortsteil, Tel. 26 62 05 10 90, www.kafesas.com

 Cafés

Harley Von einem deutsch-griechischen Paar geführtes und bei Bikern

Und ewig lockt auf Korfu das Meer, auch am Sandstrand von Ágios Geórgios

Natur pur rund um die Korissión Lagune

und Surfern beliebtes, alteingesessenes Café-Restaurant mit originellem Minigolfplatz. ■ Uferstraße, nördl. Ortsrand, Tel. 26 62 05 25 40, www.cafe-harley.de

 Sport

Kite Club Corfu Kite-Kurse für Anfänger und Erfahrene von einem Team mit langjähriger Erfahrung sowie Equipment-Verleih. Schnupperkurs für zwei ab 39 €/Person. ■ Chalikoúnas-Strand, Tel. 69 77 14 56 14 (mobil), www.kite-club-corfu.com
Surf Center Corfu Deutschsprachiger Windsurf-Spot, ideal für Anfänger aber auch für Erfahrene. Kurse für jedes Level sowie Verleih des Materials. ■ Chalikoúnas-Strand, Tel. 69 74 18 30 74 (mobil), www.surfcentercorfu.com

 In der Umgebung

Korissión Lagune
| Natur |
Nach Norden gehen die Dünen von Ágios Geórgios Argyrádon in die Nehrung der unter Naturschutz stehenden, 10 km großen Korissión-Lagune über. Der einst von den Venezianern angelegte See ist heute ein wichtiger Rastplatz für Kormorane, Reiher und über 100 Zugvögelarten. Da der Sund zum Meer von einer Fußgängerbrücke überspannt wird, können Spaziergänger insgesamt fast 20 km Sandküste zwischen dem Barbarastrand (südl. von Ágios Geórgios) und dem Kap Gardíki mit dem Chalikoúnas-Strand abwandern.

Chalikoúnas
| Strand |

 Korfus längster Sandstrand mit viel Wind und hohen Wellen

Der fast 3 km lange Sandstrand auf der Nehrung zwischen dem Meer und der Korissión-Lagune ist nicht nur ideal für alle, die lange Spaziergänge lieben, sondern mit seinen Dünen auch das perfekte Ziel, wenn man gern allein ist, denn er ist an vielen Stellen menschenleer. Auch Sonnenschirme und Liegen findet man hier nur an der Tayo Beach Bar.

Gardíki Kastell
| Ruine |
Landeinwärts des Chalikoúnas-Strandes liegt die Ruine des byzantinischen Gardiki-Kastells (13. Jh.) der Despoten von Épiros. Außer den imposanten Steinmauern, in die antike Spoilen und Bänder aus Ziegelsteinen eingefasst sind und die noch einen Eindruck von der einstigen Größe der Anlage ge-

ben, ist von der wichtigsten südkorfiotischen Festung jedoch nur noch wenig erhalten.

Prasoúdi
| Strand |

Besonders griechische Feriengäste wissen die individuellen kleineren Badebuchten des sich nordwestl. an Chalikoúnas anschließenden Küstenabschnitts zu schätzen. Schon die Anfahrt auf schmalen Straßen, die durch ein dunkles Labyrinth ausgedehnter Olivenwälder führt, ist ein Vergnügen. Wenig besucht sind der flache, gepflegte Prasoúdi-Strand, zu dem man auf Holztreppen von einer hervorragenden Fischtaverne hinuntersteigt, und der 300 m breite, sandige Paramónas-Strand (Felsen im Meer!) unterhalb eines fruchtbaren Tals, in dem sogar die knallorangen Kumquats wachsen.

Alonáki Bay
| Restaurant |

 Schöner Meerblick und Gerichte aus eigenen Zutaten

Im idyllischen Garten wird unterm schattigen Blätterdach Korfiotisches wie das edle bourdétto von rotem Drachenkopf (skorpiós) und pastitsáda (pikante Pasta mit Flusskrebsen) serviert. Schlichte Apartments. ■ Chalikoúnas Beach, nördl. Ende (ausgeschildert), Tel. 26 61 07 58 72

Ávra Oceanos
| Restaurant |

Das auf einer Rasenterrasse über der sandigen Badebucht gelegene Lokal ist weithin für seine günstigen Fischspezialitäten berühmt. Der Wirt vermietet einfache Zimmer. ■ Prasoúdi, Tel. 26 61 07 63 58

13 Ágios Górdis

Langer Strand und Badespaß in einem beliebten Ferienort

Trotz serpentinenreicher Anfahrt entlang der mit unzähligen Olivenbäumen bewachsenen Hänge ist Ágios Górdis (auch: Ágios Górdios und Ai Górdis) touristisch bestens erschlossen. Oberhalb des langen, breiten Sandstrands, vor dem ein Holzsteg entlangläuft, bietet eine ständig wachsende Anzahl von Beach Bars, Hotels, Supermärkten, Bars und Restaurants ihre Dienste an. Besonders abends ist der Blick auf die von Felsen gerahmte, etwa 1 km lange Bucht, vor deren südl. Kap eine Orthólithos genannte Felsnadelinsel aufragt, besonders stimmungsvoll. Als Ausflug bietet sich das liebenswerte Dorf Péntati zu Füßen des fast 500 m hohen Bergs Panteleímonas an – auch von hier ist der Meerblick grandios.

ADAC *Wussten Sie schon?*

Ágios und **Agía**, der und die Heilige, sind Wörter, die nicht nur in griechischen Ortsnamen immer wieder auftauchen. Benannt werden die Orte meist nach dem Heiligen, dem die Dorfkirche geweiht ist, oder nach verschiedenen Schutzheiligen wie dem hl. Georg (Ágios Geórgios), weil irgendwann einmal beispielsweise eine Ikone dieses Heiligen an der Stelle des Dorfes gefunden wurde. Bei Klosternamen (griech. Moní) aber auch bei Kirchen wird übrigens meist die Genitivform verwendet, also Agíou oder Agías.

Restaurants

€ | Chris's Place Grandiose Sonnenuntergänge, herzliches Flair und bodenständige und leckere traditionelle Küche zu guten Preisen. ■ Péntati, Tel. 26 61 05 38 46, www.chrispentati.com

€€ | Sebastian's Der gemütliche, mit Weinreben überdachte Garten des alteingesessenen Restaurants ist fast immer voll – dank hübsch angerichteter griechischer Gerichte und freundlichem Service. ■ Straße zum Strand, Tel. 26 61 05 32 56, www.sebastians-corfu.com

 Kneipen, Bars und Clubs

ARK Kitchen Bar Beach Bar und Restaurant mit entspannter Atmosphäre. Internationale Küche und gute Cocktails. ■ Am Strand, Tel. 26 61 05 34 80

14 Sinarádes

Korfiotisches Bauernleben in einem ursprünglichen Bergdorf

Die Einwohner von Sinarádes, einem der lebendigsten ursprünglichen Dörfer im Landesinneren, wissen Tradition mit touristischem Charme zu verbinden. Wer herkommt, stellt das Auto am Dorfplatz ab. Von einer Taverne oder einem kafenío lässt sich gut das Treiben beobachten. Ein Spaziergang durch den Ort führt durch gepflasterte Gassen mit hübscher alter Bausubstanz, die von den Venezianern mitgeprägt worden ist, und vielen Blumen, die wie früher einfach in alte Blechdosen gepflanzt sind. Eine Stichstraße führt von Sinarádes hinauf zur einsamen Aerostato Bar mit prächtigem Blick über die Küste auf Ágios Górdis.

 Sehenswert

Folkloremuseum
| Museum |

Einen Besuch wert ist das private Folkloremuseum, das unauffällig zurückgesetzt an der Hauptstraße liegt und das Dorfleben zwischen 1860 und 1960 dokumentiert. Ein bäuerlicher hölzerner Schemel für Gebärende, ein Floß aus Schilf und ein Schattentheater im türkischen Stil sind die auffallendsten Exponate des zweistöckigen Bauernhauses. ■ Von der Hauptstraße ausgeschildert, Tel. 26 61 05 49 62, Mai–Okt. Mo–Sa 9–14 Uhr, 2 €

 Restaurants

€ | Archontaríki Charmantes, uriges Flair und authentische Küche am Dorfplatz. Das traditionelle Essen schmeckt hier wie bei Muttern. ■ Hauptstraße, Tel. 26 61 05 40 07, arxontarikisinarades.blogspot.com

15 Pélekas

Beliebtes Bergdorf, majestätischer Rundblick und begehrte Strände

Der einst von den Blumenkindern der 1960er-Jahre geschätzte Bergort Pélekas, der heute mit einigen hübsch herausgeputzten Tavernen aufwarten kann, ist oft nur Durchgangsstation auf dem Weg zum Kaizer's Throne. Er ist aber auch der einzige Ort im Binnenland, in dem ein paar mehr Touristen ihren Urlaub verbringen. Einige Stammgäste, die heute nach Pélekas kommen, waren in den 1980er-Jahren bereits als Rucksacktouristen hier. In Tavernen und Cafés rund um den

Heute wie früher begeistert die einzigartig schöne Aussicht vom Kaizer's Throne

Dorfplatz trifft man sich allabendlich, sodass schnell ein geselliges Miteinander entsteht. Tagsüber geht es für Pélekas-Urlauber an die nahen Strände, zu denen meist recht steile Straßen führen. Pélekas am nächsten ist die Bucht von Kontógialos, die auch Pélekas Beach genannt wird. Erreichbar ist der feinsandige Strand mit Beach Bars, Tavernen und Hotels von der Straße, die vom unteren Ortsrand von Pélekas hinabgeht.

 Sehenswert

Kaizer's Throne
| Aussichtspunkt |

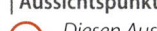 *Diesen Aussichtspunkt hat schon Kaiser Wilhelm II. geliebt*

Seinen Namen verdankt dieser Felssporn in 270 m Höhe oberhalb des Ortes Kaiser Wilhelm II., der den Aussichtspunkt zu seinem Lieblingsplatz auf Korfu erkoren hatte. Wahrhaft kaiserlich ist auch der Panoramablick von hier auf Korfu-Stadt, den Inselberg Pantokrátoras, das blaue Meer, die von Zypressen durchsetzten Olivenwälder und das gegenüberliegende griechische Festland.

 Restaurants

€€ | **Pink Panther** Tolle Terrasse mit herrlicher Aussicht auf das Meer. ■ Straße Richtung Glyfáda-Beach, Tel. 26 61 09 43 60

 Einkaufen

Witch House (Magissóspito) Im markanten »Hexenhäuschen« dreht sich alles um den Zauber – Hexen, Katzen, Häuschen und hübsch bemalte Gebrauchsobjekte aus Keramik und Glas. ■ Hauptstraße, Tel. 26 61 09 45 66

 Kneipen, Bars und Clubs

Pazuzu Die hippe Beach-Bar mit offenem Restaurant mit Lounge-Atmosphäre ist eine der beliebtesten der Gegend. Im Juli und Aug. finden oft Partys statt. ■ Glyfáda, www.pazuzu.gr

Eindrucksvoll schlummert der Mirtiótissa-Strand vor der hohen Felsküste

 In der Umgebung

Ambelónas

| Restaurant |

 Korfiotische Gerichte mit Blick auf den hauseigenen Weinberg

Exzellente Gerichte nach alten korfiotischen und venezianischen Rezepten begleitet von hervorragenden Weinen in stilvollem, aber ungezwungenem Ambiente mitten im Weingut.

■ Karoumpátika, Tel. 69 32 15 88 88 (mobil), Juni–Okt. Mi–Fr 19–23, Dez.–Mai So 13–18 Uhr, www.ambelonas-corfu.gr

Aqualand

| Wasserpark |

Als Attraktion für Kinder lockt wenige Kilometer von Pélekas entfernt an der Hauptstraße Richtung Korfu-Stadt der Wasserpark Aqualand mit einem riesigen Wellenbecken.

■ Ágios Ioánnis (6,5 km nördl. von Pélekas), Mitte Mai–Anfang Okt. tgl. 10–18 Uhr, ab 13 Jahren 28 €, 5–12 und ab 65 Jahre 20 €, bis 4 Jahre Eintritt frei, ab 15 Uhr ermäßigt, www.aqualand-corfu.com.

Glifáda

| Strand |

Der feine Sandstrand, auch Golden Beach genannt, vor Felshängen voller Olivenbäume und Pinien ist einer der bekanntesten Strände der Insel, an dem in Sommernächten das Leben tobt. Beach Bars und das Wassersportangebot machen ihn besonders bei jungen Einheimischen beliebt.

 Kinder

Die Sandstrände von Pélekas und Glifáda stehen bei Familien mit Kindern besonders hoch im Kurs.

16 Mirtiótissa

Kloster in origineller Lage an einem Strand, der beliebt ist bei FKK-Freunden

Die Anfahrt nach Mirtiótissa, einst einem Lieblingstreff der Hippie-Generation, ist besonders romantisch und atemberaubend. Doch sein Fahrzeug sollte man lieber auf dem Parkplatz stehen lassen und besser zu Fuß hinuntergehen. Unten verstecken sich im Schatten schroffer Felsen saubere Sandstrände, an denen FKK zwar toleriert wird, aber zumindest bei der jüngeren Generation allmählich aus der Mode zu kommen scheint. Das weiß gekalkte, kunsthistorisch unbedeutende Mirtiótissakloster mit Gebäuden aus dem 17./18. Jh. auf einer Anhöhe über dem Strand wehrt sich mit einem Gitterzaun gegen das freizügige Treiben. Gegründet wurde der Konvent mit dem idyllischen Innenhof im 14. Jh., als an dieser Stelle eine als wundersam geltende Marienikone gefunden wurde. Sie ist heute Ziel griechisch-orthodoxer Pilger.

Restaurants

€ | **Spíros 97** Griechische Hausmannskost und korfiotische Spezialitäten wie bei Muttern werden in herzlicher Atmosphäre unter Weinreben serviert. ■ Vátos/ Kelliá (zwischen Mirtiótissa und Ermónes), Tel. 26 61 09 43 09, www. spirostaverna97.com

Sport

Corfu Golf Club Auf dem 18-Loch-Golfplatz fühlen sich sowohl Anfänger als auch erfahrene Sportler wohl. Ausrüstung kann geliehen werden. Nicht-Golfer genießen im angeschlossenen Restaurant den Blick auf die Anlage im englischen Stil. ■ Ropa-Valley (nahe Ermónes), Green Fees 55 €/Tag (18-Loch), 245 €/Woche; 35 €/Tag (9-Loch), Tel. 26 61 09 42 20, www.corfugolfclub.com

In der Umgebung

Ermónes
| Ort |
Die landschaftlich dramatische, steil abfallende Bucht von Ermónes, die von Felskaps mit eingefrästen Straßen eingefasst wird, ist mittlerweile fast völlig mit modernen Studios und Hotels zugebaut. Eine Zahnradbahn bringt die Gäste vom 200 m langen Sand-Kies-Strand hinauf fast bis ins Zimmer eines Großhotels.

ADAC *Mittendrin*

Weingut Theotóky
Den Wein des von uralten Oliven- und Pinienwäldern umgebenen Guts wusste Hollywood-Schauspieler Roger Moore schon vor über 30 Jahren während der Dreharbeiten zum James-Bond-Film »In tödlicher Mission« zu schätzen. Der Bond-Darsteller mochte vor allem den Weißwein. Urlauber sollten in jedem Fall auch die guten Roten und Roséweine probieren. Außerdem gibt es hier biologisch erzeugtes Olivenöl. Für die einstündige Tour mit Führung und Verkostung meldet man sich auf der Webseite an.
Ropa Valley (nahe dem Corfu Golf Club), Shop Mo–Sa 10–17 Uhr, Tel. 69 45 59 30 16, www.theotoky. com

Übernachten

In Korfus ruhigem Süden sind vorrangig recht preiswerte kleine Familienhotels, Pensionen und einige wenige größere Mittelklassehotels zu finden – in Benítses, Moraítika, Messongí, Ágios Górdis und in den Küstensiedlungen unterhalb von Pélekas mit lebhaftem Urlaubsflair und in Kávos mit ausschweifendem Nightlife unter jungen Leuten. Dazwischen gibt es wenige 4- und 5-Sterne-Häuser. Wer es ganz besonders ruhig und familiär mag, ist in kleinen Pensionen und Apartmentanlagen in der Bucht von Lefkímmi gut aufgehoben.

Benítses …………………………… 47

€ | **Árgo** Familiär geführte Anlage mit Studios, Apartments und Pool in ruhiger Lage – bestens geeignet für Selbstversorger. Wer nicht selbst kocht, isst im angeschlossenen Restaurant. ■ Ortskern, Tel. 26 61 07 26 30, www.argobenitses.gr

€€ | **Kaiser Bridge** Ein schlichtes 3-Sterne-Hotel mit freundlichem Service und sehr sauberen Zimmern, das nur 10 m vom Meer entfernt ist. ■ Küstenstraße, 1,5 km nördl. von Benítses, Tel. 26 61 07 20 96, www.corfuhotelkaiser. com

Moraítika …………………………… 48

⑬ € | **Villa Panoréa** Einfache, aber gemütliche und herzlich geführte Anlage mit zweckmäßig eingerichteten Studios und Apartments in Bungalows in kleinem Garten. Ideal für Selbstversorger in Strandnähe. ■ Zwischen Hauptstraße und Strand, Tel. 26 61 07 56 62, www.villapanorea. com

€€€ | **Domes Miramare** Das Erwachsenen vorbehaltene 5-Sterne-Haus bietet neben direkter Lage am Meer entspannten luxuriösen Flair, Restaurant mit Sterne-Koch und stilvolle Zimmer und Suiten – nach Wunsch auch mit privatem Pool oder Whirlpool. ■ Nördl. Ortsrand, Tel. 26 61 44 05 00, www.domesmiramare.com

Messongí …………………………… 48

€–€€ | **Galíni Beach Studios** Freundlich geführte, moderne Studios, Apartments und ein Penthouse mit Platz für 6 Personen direkt am Meer. ■ Küstenstraße, Tel. 69 57 20 01 27, www. galinibeachstudios.com

€€ | **Aquarius Beach Hotel** Zentral und nah am Strand gelegenes Mittelklassehotel mit aufmerksamem Personal und Außenpool. ■ Küstenstraße, Tel. 26 61 07 62 67, www.stellarmediterranean.com

Chlomós …………………………… 49

€ | **Golden Sunset** Familiäres Hotel in ruhiger Lage mit angeschlossenem Restaurant, in dem leckere Hausmannskost serviert wird. Hübsch renovierte Zimmer und Strand gleich vor der Tür. Da Boúkari sehr klein ist, ist ein Mietwagen empfehlenswert. ■ Küstenstraße Boúkari-Strand, Tel. 26 62 05 18 53, www.korfusunset.de

Bucht von Lefkímmi

€ | Egrypos Familie Kourtésis verwöhnt in dieser apfelsinenfarben gestrichenen kinderfreundlichen Dorfpension zahlreiche deutsche Stammgäste. ■ Petríti, Tel. 26 62 05 19 49, www.egrypos.gr

€€ | Attika Beach Das im Grünen gelegene 4-Sterne-Haus am Sandstrand ist u. a. mit großem Freizeitangebot, Kinderdisco und Außenpool ideal für Familien (nur über Reiseveranstalter buchbar). ■ Mólos, Tel. 26 62 02 39 90, www.attikahotel.gr

Lefkímmi

€ | Zervos Die vier Apartments mit je zwei Schlafzimmern im großen Garten der herzlich geführten Anlage am Meer sind ideal für Familien. ■ Boúka-Strand, Tel. 26 61 04 79 93, www.zervos-corfuapartments.gr

Kávos

€€ | Olive Grove Resort Abseits der Partymeile gelegenes Hotel und dennoch nah am Geschehen. Hübsch eingerichtete Zimmer und Pool. ■ Hauptstraße (nördl. des Ortskerns), Tel. 26 62 06 17 74, www.corfuoliveresort. com

Ágios Geórgios Argyrádon

€€€ | Kairaba Sandy Villas 5-Sterne-All-inclusive-Anlage nur für Erwachsene mit 92 Zimmern und Suiten in stilvoller Atmosphäre. Mindestaufenthalt zwei Nächte. ■ Zwischen Ortskern und Íssos-Strand, Tel. 26 61 09 65 12, www.labranda.com

Ágios Górdis

€–€€ | Sebastian's Family Hotel & Taverna Der herzlich geführte Familienbetrieb kombiniert Restaurant und Hotel mit stilvollen, kürzlich mit viel Liebe zum Detail renovierten Zimmern, teils mit Meerblick. ■ Straße zum Strand, Tel. 26 61 05 32 56, www.sebastians-corfu.com

Pélekas

€€ | Levant Hotel Neoklassizistisches Hotel mit 25 geschmackvoll eingerichteten Zimmern und dem Restaurant Sunset, das ebenfalls einen herrlichen Panoramablick bietet. Drei Nächte Mindestaufenthalt. ■ Kaizer's Throne, Tel. 26 61 09 42 30, www.levant corfu.com

€€€ | Pelecas Country Club Individuell und äußerst stilvoll mit Antiquitäten eingerichtete, elegante Zimmer und Suiten in drei restaurierten Gebäuden eines Landguts aus dem 18. Jh. – ein Refugium zum Entschleunigen. Dazu gibt es einen großen Pool in einem idyllischen Garten sowie ein köstliches Frühstück. Mietwagen empfehlenswert. Mindestaufenthalt drei Nächte. ■ Zwischen Pélekas und Agía Triáda, Tel. 26 61 05 29 18, www.country-club.gr

Mirtiótissa

€ | Ermones Mare Familiäres Hotel unter Kiefern, gemütlicher Garten, einfache Zimmer mit Meerblick, gutes Preis-Leistungs-Verhältnis und eine grandiose Aussicht zum Sonnenuntergang. ■ Ermones, Südhang der Bucht, Tel. 26 61 09 49 50, www.ermones mare.gr

Der Nordosten – Korfus spektakuläre Aussichten

Attraktive Seglerbuchten unterhalb von Korfus höchstem Berg, Panoramastraßen mit grandiosen Ausblicken und einige beliebte Ferienorte

tauchen. Besucht man den höchsten Berg der Insel, den Pantokrátoras, liegt einem die ganze Insel zu Füßen. Für die Serpentinen und die Parkplatznot wird man mit einem grandiosen Blick belohnt: Er reicht nicht nur über die Insel, man sieht auch die Küsten des griechischen Festlands und Albaniens. Bei gutem Wetter kann man sogar die drei Diapontischen Inseln vor der Nordwestküste ausmachen.

Die kurvenreiche Küstenstraße östl. unterhalb des Pantokrátorasgipfels, die immer wieder atemberaubende Ausblicke gewährt, gehört zu den schönsten Strecken der Insel. Der Reiz der Region wird durch die Vegetation erhöht – an den kargen Fels gekrallte Olivenbäume, duftende Pinienwälder, üppig wuchernder Oleander, violette Trauben von Judasbaumblüten und gelbe Wolfsmilchsträucher setzen farbige Akzente im Graublau von Klippen und Meer. Die meisten Buchten nördl. der Halbinsel Komméno und der quirligen Ferienorte Dassiá, Ípsos und Pirgí sind jedoch nur über lange Stich- bzw. Staubstraßen zu erreichen, wer mit dem Boot unterwegs ist, hat es hier einfacher. Beliebter Ferienort im äußersten Nordosten ist Kassiópi. Das »Geisterdorf« Paliá Períthia in den Bergen etwas weiter westl. lässt Besucher mit gut erhaltener historischer Bausubstanz in frühere Jahrhunderte eintauchen.

In diesem Kapitel:

ADAC Top Tipps:

 Paliá Períthia
| Geisterdorf |

Das Bergdorf mit der denkmalgeschützten Bausubstanz wurde vor etwa einem halben Jahrhundert verlassen und erwacht seit einigen Jahren dank neugieriger Touristen aus seinem Dornröschenschlaf. 74

ADAC Empfehlungen:

17 Halbinsel Komméno

Gute Hotels mitten im Grünen und eine malerisch gelegene Kapelle

Um die Halbinsel Komméno zu erreichen, muss man zwar die Bucht von Gouviá weiträumig umfahren – das hügelige, von Ölbäumen und Pinienhainen, schönen Aussichtspunkten und Hotelkomplexen geprägte Terrain lohnt jedoch den Weg. Schnell fällt auf, dass Villen, Hotels und Ferienhäuser hier fernab des Trubels mitten im Grünen liegen. In der Dafníla-Bucht im Norden sind sogar die großen Hotels recht ansehnlich in die Natur integriert. Wer hier nicht den Urlaub verbringt, sollte den Abstecher auf die Halbinsel in jedem Fall wegen der über einen kurzen Damm erreichbaren Ipapánti-Kapelle machen.

Sehenswert

Ipapánti-Kapelle
| Kirche |

Die hübsche Kapelle auf einer winzigen Insel in der Bucht von Gouviá ist eines der fotogensten Gotteshäuser der Insel. Die von vielen Pflanzen umgebene und idyllisch gelegene Kirche stammt aus dem Jahr 1713 und birgt eine Ikonostase mit drei Ikonen des 18. Jh. sowie von Nonnen gefertigte Bildwerke.
■ Südufer der Halbinsel, tgl. 9–14 und 18–21 Uhr

Restaurants

€€ | **Apóvrado** Man hat hier einen tollen Ausblick auf das Meer, serviert werden große Portionen, der Service ist freundlich, und die Cocktails sind lecker. ■ Westl. des Grecotel Eva Palace, Tel. 26 61 09 13 22

€€ | **Panórama** Wie der Name verspricht, ist neben leckeren regionalen Leckereien eine große Panoramaterrasse hier das Highlight. ■ Komméno (ausgeschildert), tgl. ab 14 Uhr, Tel. 26 61 09 10 69

18 Dassiá

Pauschalurlaub für Aktivfans in einem lebhaften Ferienort

Der Ferienort nördl. der Komméno-Halbinsel ist einer der beliebtesten Urlaubsorte der Region. Dassiá steht vor allem bei Pauschalurlaubern hoch im Kurs und wird von einer Schnellstraße durchquert, die zahlreiche Geschäfte, Tavernen und Bars säumen. Außerdem prägen gut geführte Hotelkomplexe das Bild. Der etwa 1 km lange, aber recht schmale Sand-Kies-Strand mit großem Wassersportangebot ist über Stichstraßen erreichbar. Ruhesuchende finden einige kleinere Strände südl. von Dassiá.

Restaurants

€€ | **Aléxandros** Einfache, familiär geführte Taverne mit typisch griechischer Hausmannskost und korfiotischen Spezialitäten. ■ Schnellstraße (südl. Ortsrand), Tel. 26 61 09 76 61

€€ | **Vinieri** Im winzigen Bistro und Art Café mit kreativ-modernem Flair und offener Küche sorgt Wirt und Maler Christóforos für griechische Leckereien abseits des Rummels. Reservierung empfehlenswert. ■ Straße nach Káto Korakiána, tgl. ab 18 Uhr, Tel. 69 47 47 35 67 (mobil)

Am Strand von Dassiá gibt es alles, was das Herz eines Urlaubers begehrt

 €€€ | Etrusco Spitzengastronomie von dem renommierten griechisch-italienischen Fernsehkoch Ettore Botrini, der mit seinem Küchenteam Menüs aus exquisiten Feinschmecker-Gerichten zaubert. Was die kulinarische Reise in Dassiás Nachbarort Káto Korakiána verspricht und was sie kostet, erkundet man vorher am besten auf der Internetseite. Reservierung unumgänglich. ■ Káto Korakiána (ausgeschildert), tgl. 20–24 Uhr, Tel. 26 61 09 33 42, www.etrusco.gr

Cafés

Malibu Summer Bequeme Sonnenliegen und -betten sorgen bei chilliger Musik und gehobenem Flair rund um einen Pool am Meer für einen erholsamen Strandtag. ■ Am Strand, tgl. 9–21 Uhr, Tel. 26 61 09 38 01

 ## Kneipen, Bars und Clubs

Tartaya Klassische und kreative Cocktails unter Palmen. ■ Schnellstraße, Tel. 26 61 09 78 01, www.tartaya.gr

 ## Sport

Corfu Mountainbike Shop Verleih (ab 13 €/Tag) von Straßen- und Mountainbikes, Radurlaub und Ausflüge diverser Schwierigkeitsgrade. ■ Schnellstraße, Tel. 26 61 09 33 44, www.mountainbike corfu.gr

 ## In der Umgebung

Nationalgalerie – Dependance Korfu

| Museum |

In den historischen Gebäuden Castellino und Castelleto können Kunstliebhaber eine Dauerausstellung aus dem Bereich neugriechische Malerei sehen und durch sie ihre Entwicklung nachvollziehen. Außerdem finden in der korfiotischen Niederlassung der Nationalgalerie Athen anspruchsvolle Ausstellungen griechischer Künstler statt.

■ Káto Korakíana, Tel. 26 61 09 33 33, Mi, Do, Sa–Mo 8.30-15.30, Fr 10–14 und 18–21 Uhr, 2 €, erm. 1 €, www.national gallery.gr/en

19 Ípsos–Pirgí

Nordkorfus Partymeile, Taucherfreuden am Strand und Kunst im Bergdorf

In den zusammengewachsenen Siedlungen Ípsos und Pirgí, die sich entlang der schnurgeraden, von Pubs, Supermärkten und Tavernen gesäumten und viel befahrenen Küstenstraße erstrecken, fühlen sich vor allem jüngere

Im Blickpunkt

Der Vater Griechenlands

Der am 11. Februar 1776 in Áno Korakíana geborene Ioánnis Antónios Graf Kapodístrias entstammte einer alten Adelsfamilie. Nach einem Medizinstudium in Padua trat er 1803 als Minister in den Dienst der Republik der Ionischen Inseln. Durch die mit dem Vertrag von Tilsit geregelte Rückkehr der Franzosen nach Korfu wuchs Kapodístrias Sehnsucht nach einem selbstständigen Griechenland. Da er in Russland die größte Chance für die Unterstützung dieser Autonomiebestrebungen sah, nahm er 1809 eine Stellung als zaristischer Diplomat bereitwillig an. Im Laufe seiner Karriere gelang es ihm, das Vertrauen von Zar Alexander I. zu gewinnen, der ihn 1815 als Vertreter Russlands auf dem Wiener Kongress teilnehmen ließ und 1816 zum Außenminister ernannte. Kapodístrias Einsatz für den Freiheitskampf Griechenlands fand jedoch wenig Zuspruch beim Zaren und führte 1822 schließlich zum Rücktritt und zur Ausreise in die Schweiz. Doch auch von hier aus blieb Kapodístrias seinen Zielen treu und unterstützte die hellenischen Autonomieanstrengungen. Durch sein Engagement gewann er unter den einheimischen Streitern wachsende Popularität und wurde 1829, als das Ziel der Selbstständigkeit erreicht war, zum ersten Gouverneur Griechenlands bestimmt. Mit seiner Vision eines straffen Zentralstaats und höfischem Auftreten gegenüber den einflussreichen südbalkanischen Freiheitskämpfergruppen konnte er sich jedoch nur kurze Zeit durchsetzen. Seine Ermordung am 9. Oktober 1831 machte schließlich den Weg frei für die Wittelsbachermonarchie unter König Otto. Heute ziert Kapodístrias als bedeutender Mitstreiter die Rückseite der nationalen 20-Cent-Münze.

Briten wohl. Während es auf dem nur handtuchbreiten Kieselstrand für Sonnenhungrige und Badefreunde eng wird, lockt im Ortsteil Ípsos eine renommierte Tauchschule Unterwasserfans mit Exkursionen zu den fischreichen Gestaden Richtung Barbáti an. Das Kontrastprogramm sind Ausflüge ins Landesinnere. Wer hier jedoch nicht in einem Hotel gelandet ist, kann sich den Halt in dem Ort ohne Sehenswürdigkeiten auch sparen.

Restaurants

€€ | **Agnadio** Fast zu kitschig, um wahr zu sein: Die rot eingedeckte Terrasse des Familienbetriebes ist der ideale Platz für ein romantisches Sunset-Dinner mit grandioser Aussicht. ■ Spartylás (4 km nördl. von Ípsos), Tel. 26 63 09 22 95

€€ | **Squirell** Frische und einfache korfiotische und griechische Küche, die in freundlichem Ambiente unter Weinreben serviert wird. ■ Epar.Od. Pirgíou-Korakiána, tgl. ab 19 Uhr, Tel. 26 61 09 30 66, squirrel-restaurant.webnode.gr

Sport

The Waterhoppers Auch für Anfänger gut geeignete Tauchschule, Schnuppertauchen sowie Kurse für Fortgeschrittene und Tauchgänge in der Region und demnächst wohl auch an der albanischen Küste. ■ Am Strand (nördl. Ortsrand), www.waterhopperscorfu.gr

In der Umgebung

Ágios Márkos
| Ort |

Einen wunderbaren Korfublick eröffnet das Ortscafé in Ágios Márkos, das

etwa 2 km westl. von Pírgi liegt. Von dem Bauerndorf, das von den Glockensegeln seiner Kirchen überragt wird, führt ein schöner Spazierweg in etwa zehn Minuten zu dem meist versperrten Kirchlein Pantokrátoras aus dem 16. Jh.

Áno Korakiána
| Ort |

Mit rund 950 Einwohnern ist Áno Korakiána, das etwa 5 km westl. von Pirgí liegt, eins der größten Dörfer Korfus. Ein Spaziergang durch die Straßen und Gassen des historischen Ortskerns führt an der hübschen historischen Bausubstanz vorbei. Viele der mit schönen Tür- und Fensterrahmen und skulpturenverzierten Portalen geschmückten Steinhäuser stammen noch aus venezianischer Zeit. Auffällig ist außerdem eine große Anzahl an Kirchen und Kapellen.

20 Pantokrátoras

 Klosterkunst und Albanienblick auf Korfus höchstem Gipfel

Das kahle, karstige, mit Fernseh- und Funkantennen sowie einem altehrwürdigen Kloster bekrönte Haupt des Pantokrátoras ist mit 906 m (nach manchen Messungen auch 917 m) die höchste Erhebung Korfus und bietet ein großartiges Panorama. Nicht selten jedoch wird der markante »Weltenherrscher« zum Wolkensammler und zieht in den Nachmittagsstunden den Nebel an.

Zur eigentlichen Gipfelstraße, die ab Petália zum Pantokrátoras hinaufführt, gibt es mehrere Routen. Eine betörend wilde Passstraße, welche die Nord- und Ostküste zwischen Acharávi (sie-

Majestätisch erhebt sich der Pantokrátoras hinter der Bucht von Barbáti

he S. 80) und Pirgí (siehe S. 66) verbindet, windet sich voll engster Kehren durch silbergrüne Olivenhaine hinauf in das Bergdorf Sgourádes, wo man nach Petália abbiegen kann. Eine weitere originelle Route beginnt in dem lang gestreckten reichen Olivenbauerndorf Áno Koriakána, in dem Ioánnis Kapodístrias (S. 66), der erste Staatspräsident Griechenlands, geboren wurde. Wanderfreunde können hier auf ausgeschilderten Wegen, vorbei an altehrwürdigen Kapellen, durch eine eindrucksvolle Berglandschaft streifen. Von Áno Korakiána aus geht es in engen Serpentinen, deren Felswände mit diversen Wahlparolen verunziert sind, hinauf nach Sokráki. An der winzigen Platía dieses Weilers, dessen größter Stolz es ist, eine Tankstelle zu haben, braut ein Kafepantopolíon zuckersüßen griechischen Mokka. Über Zygós mit einer Kirche der hl. Agathe aus dem 16. Jh. und

Sgourádes geht es dann nach Strínylas, wo der von einer uralten Ulme beschattete Hauptplatz zur Rast lädt, und weiter nach Petália.

Die Weiterfahrt Richtung Gipfelzone beeindruckt durch die Kargheit des felsigen Terrains, aus dem wenige Bergblumen wie die gelbe gewelltblättrige Königskerze aufsprießen. Auf steiler Gussbetonpiste erklimmt man die letzten Meter bis zu einer Cafeteria unterhalb des Gipfels, wo zuweilen durch Parkplatzmangel verursachte Manöver die Autofahrer ins Schwitzen bringen. Der Gipfel selbst bietet mit seiner riesigen, das Pantokratorkloster überragenden Funkantenne und den in Sichtweite versammelten Antennenmasten keinen einladenden Anblick. Grandios ist jedoch das Panorama, das sich dem Besucher bietet. Die Sicht reicht bei gutem Wetter fast über ganz Korfu, ins nahe Albanien und aufs griechische Festland.

Sehenswert

Moní Pantokrátoras
| Kirche |

Die Klosterkirche, von außen eher unscheinbar, bietet im höhlenartigen Inneren kostbarste Bilder. Die Ikonen der barocken Marmor-Ikonostase sind bis auf die Köpfe mit Silber beschlagen. Die Fresken des Tonnengewölbes stammen großteils aus dem 17. Jh. und sind im venezianisch-korfiotischen Stil gemalt. Auffallend ist die klassische Darstellung des sitzenden Christus als Pantokrator am Tag des Jüngsten Gerichts. Über der Eingangstür sind Tondi – also kreisrunde Bilder, die in der italienischen Kunst verbreitet waren – des 14. Jh. mit Heiligenbüsten freigelegt, darunter erblickt man den in Griechenland höchst exotischen irischen Germanenapostel Bonifaz.

21 Barbáti

Längster Strand im Nordosten umgeben von Ferienhäusern und Hotels

Den schönen Hang von Barbáti zieren die sich vom Meer aus hochziehenden Villen und Ferienhäuser. Sie gehören häufig Mittel- und Nordeuropäern, die dort den Sommer verbringen. Von der Durchgangsstraße führen zahlreiche Stichstraßen und Treppengassen an den etwa 1 km langen Kies-Stein-Strand mit einigen schattenspendenden Bäumen und dem glasklaren Wasser. Während man in Barbáti vorwiegend schlichtere Unterkünfte und moderne Hotelkomplexe findet, reihen sich im benachbarten steilen Hügelort Viglatoúri moderne Apartments mit Traumblicken bis nach Korfu-Stadt aneinander.

 Restaurants

€€ | **Dionysos** Terrasse mit herrlichem Ausblick auf die Küstenstraße, leckeres Essen, allerdings keine üppigen Portionen. Unbedingt nach den Tagesgerichten fragen! ■ Inselrundstraße, Tel. 26 63 09 13 14

€€ | **Piedra del Mar** Stylisches Beach Bar-Restaurant im Lounge-Stil mit mediterraner Küche. Leckere hausgemachte Pasta, eine sehenswerte Weinkarte und gute Cocktails sorgen für Genussfreuden. ■ Am Strand, Tel. 26 63 09 15 66, www.piedradelmar.gr

22 Nissáki

Winzige Seglerbuchten an zerklüfteter Küste, die es per Boot zu entdecken gilt

Entzückend ist der winzige Hafen von Nissáki, das zudem einen exklusiven, blitzsauberen, von Molen eingefassten, etwa 10 m breiten Kiesstrand besitzt und mit guten Hafentavernen lockt. Allerdings stauen sich hier schnell die Autos – denn es gibt kaum Parkplätze und keine Wendemöglichkeit. Gebadet wird hauptsächlich an winzigen, nur zu Fuß oder per Boot erreichbaren Kiesbuchten und am kleinen Kiesstrand am Hafen, der einst hauptsächlich den Fischern diente.

 Restaurants

€€ | **Vitamins Taverna** Terrasse mit herrlichem Meerblick, gutes Preis-Leistungs-Verhältnis und bodenständige Küche. Sehr feines stifádo und Amelias vielgerühmter Orangenkuchen zum Nachtisch (Mai–Okt.). ■ Inselrundstraße, Tel. 26 63 09 12 78, www.vitaminstaverna.com

Badegäste genießen das Meer bei Nissáki

 Erlebnisse

16 **Fontas Boats – Nissaki Boat Rental** Um die vielen Buchten der Region zu erkunden, mietet man sich am besten ein Motorboot. Boote bis 30 PS (ab 75 €/Tag exklusive Sprit) darf man in Griechenland auch ohne einen Bootsführerschein fahren. ◼ Am Hafen, Tel. 69 98 50 56 51, www.nissaki boatrental.com

 Sport

Apollo Dive Center Angeboten werden Kurse nach PADI-Richtlinien mit hervorragenden Tauchlehren, Tauchgänge, auch nachts, Schnuppertauchen (40 €) auch schon für Kinder ab 10 Jahren. ◼ Am Hafen, Tel. 69 74 70 56 97, www.apollosub.com

 In der Umgebung

Paliés Siniés
| Ort |

Eingefleischte Wanderfans können von Nissáki aus hangaufwärts in den 7 km westl. gelegenen, verlassenen Ort laufen. Das außerdem per Jeep erreichbare Geisterdorf mit überwucherten, meist dachlosen Ruinen aus dem 17. Jh. hält auch etwas für Kirchenfans bereit: In der alten Dorfkirche sind noch uralte Freskenreste erhalten.

Kamináki
| Strand |

Der gerade mal 100 m lange Strand mit weißen Kieselsteinen nordöstl. von Nissáki liegt unterhalb der kleinen Siedlung Katávolos. Mit dem kristallklaren Wasser ist die fotogen von grünen Hängen gesäumte Bucht ideal zum Schnorcheln, bietet aber auch andere Wassersportmöglichkeiten.

23 Kalámi

Beliebter Ferienort in der wunderschönen Kulisse einer filmreifen Bucht

Für englische Literaturtouristen besitzt der einfache und kleine Küstenort Kalámi besondere Anziehungskraft. Denn 1935–39 lebte in dem würfelförmigen White House, das am Südrand der kieseligen Bucht über Badestrand und Taverne thront, der britische Erfolgsautor Lawrence Durrell (siehe Kasten S. 71). Zu Zeiten Durrells war Kalámi allerdings noch ein winziges Fischerdorf. Heute ist davon nichts mehr zu spüren. Die Ferienvillen, Hotel- und Apartmentanlagen an den Hängen der Bucht, die vorwiegend in der Hand britischer Reiseveranstalter sind, zeugen vom Trubel, der hier in der Hochsaison herrscht. Der grobkörnige Sandstrand ist ein beliebter Badeplatz und in der Saison gut besucht. Besonders an den Wochenenden herrscht Hochbetrieb. Dass nicht nur Urlauber die Schönheit der Bucht zu schätzen wissen, erfährt man übrigens spätestens vor Ort. Werbe- und geschichtsträchtig wird in Kalámi auch auf die Dreharbeiten für den James-Bond-Streifen »In tödlicher Mission« (1981) und die Verfilmung des Lebens von Aristoteles Onassis in »Der große Grieche« (1978) hingewiesen. Einige Szenen der bekannten Filme wurden in Kalámi gedreht. Ein Besuch der Bucht außerhalb der Hochsaison lohnt auf jeden Fall, denn die Küstenregion um Kalámi ist bestens geeignet für kleine Wanderungen auf den Spuren von Lawrence Durrell.

 Sehenswert

The White House

| Museum |

Erst seit 2018 ist das Weiße Haus nicht nur für Urlauber geöffnet, die es als Unterkunft (siehe S. 77) mieten. An einigen Tagen im Jahr können Interessierte sich im ehemaligen Heim der Familie Durrell umschauen, Fotos machen und sehen, wie die Familie hier lebte. ■ Tel. 26 63 09 10 40, www.the whitehouse.gr, 2 €

 Restaurants

€€ | **Dimitri's Restaurant** Moderne mediterrane Küche mit Traumblick über die Bucht. Auf Wunsch Hoteltransfer. Reservierung empfehlenswert. ■ Inselrundstraße oberhalb Kalámi, Tel. 26 63 09 11 72

Im Blickpunkt

Korfus bekannteste Briten: Lawrence und Gerald Durrell

Sie wollten einen Neuanfang, günstigere Lebenshaltungskosten und dem Regen in England entfliehen. Mitte der 1930er-Jahre kehrten die Brüder Lawrence (1912–1990) und Gerald Durrell (1925-1995) mitsamt Familie England den Rücken. Bis 1939, als der Zweite Weltkrieg näher rückte, ließen sie sich von der wunderschönen Kalámi-Bucht für ihre Romane inspirieren. Sowohl der mehrfach für den Literaturnobelpreis vorgeschlagene Schriftsteller und Diplomat Lawrence Durrell als auch sein Bruder Gerald, ein autodidaktischer Zoologe und Autor, haben in ihren Werken über Korfu geschrieben. Als Pflichtlektüre für Korfu-Fans gilt der heute noch gut lesbare Bestseller von Lawrence Durrell »Schwarze Oliven«. Gerald Durrell berichtet im Roman »Meine Familie und anderes Getier« unterhaltsam von seinen Kindheitserlebnissen auf der Insel. Verfilmt wurde Letzterer im Jahr 2005 von der BBC (deutscher Titel: Wilde Zeiten auf der Insel). Ein voller Erfolg ist aber auch die witzige britische Dramaserie »The Durrells« rund um die exzentrische Familie, die im Jahr 2016 zum ersten Mal vom britischen Fernsehsender ITV ausgestrahlt wurde. Sehen kann man die Serie, die natürlich auch auf Korfu gedreht wurde, auf Englisch bei Streaming Anbietern wie iTunes oder Google Play.

Gefällt Ihnen das?

Touren mit einem gemieteten Motorboot gehören zu einem Korfu-Urlaub einfach dazu und versprechen einen tollen Tag mit der Familie. Unvergesslich sind Fahrten rund um Paleokastrítsa (siehe S. 89), Sidári (siehe S. 83) und Páxos (siehe S. 98).

 €€ | **Toúla's** Frischer Fisch, Risotto und kreative Köstlichkeiten etwa mit Kumquat oder korfiotischem Schinken (noúmboulo) sowie ausgefallene Desserts in gehobenerem Ambiente am Meer. Große Auswahl an Weinen. Reservierung empfehlenswert. ■ Agní, tgl. 13–23 Uhr, Tel. 26 63 09 13 50, www.toulasagni.gr

 In der Umgebung

Agni
| Strand |
Gourmets haben die Qual der Wahl am kleinen, fast bis ans Wasser bewaldeten Agní-Strand mit weißen Kieselsteinen, vor dem fast immer Motorboote und Jachten ankern. Hier gibt es zwar nur einen kostenpflichtigen Parkplatz und eine Handvoll Häuser, doch die Hälfte davon sind Ufertavernen, die Köstlichkeiten wie garídes saganáki (in Tomatensauce gebackene Krabben mit Feta) oder Hummerspaghetti anbieten.

Kéthros
| Aussichtspunkt |
Kéthros an der Inselrundstraße nördl. von Kouloúra ist für alle einen kurzen Halt wert, die in der Gegend unterwegs sind. Vom Aussichtspunkt mit

Pavillon ist der Blick Richtung Norden auf die sogenannte Straße von Korfu, die Meerenge zwischen Korfu und Albanien, grandios. An ihrer schmalsten Stelle ist sie gerade mal 2 km breit. Gen Süden öffnet sich ein herrlicher Blick auf die Bucht von Kouloúra.

Kouloúra
| Ort |
Nördlich von Kalámi lockt die Bucht von Kouloúra mit einem kleinen Fischerhafen, schmalen Stränden, einem venezianischen Landhaus aus dem 16. Jh. und einer idyllischen Taverne, die berühmt ist für ihre bourdéto-Fischsuppe.

24 Kassiópi

Traditionsreiche Hafenstadt mit individuellen Strandbuchten

Kassiópi ist heute der wichtigste Urlaubsort im Nordosten der Insel und konnte schon in der Antike als wichtigster Zwischenstopp für die Handelsschiffe zwischen Griechenland und Italien mit allerlei Prominenz aufwarten. So hat neben Cicero auch Nero Station gemacht und soll am Altar des Zeustempels, der ursprünglich an dieser Bucht gestanden hat, zu Ehren des Gottes gesungen haben. Tiberius besaß an dieser Stelle, wie auf Capri, eine Villa. Die bröckelnden, einst über 1000 m langen Mauern des zerstörten Kastells erinnern daran, dass hier 1267–1386 die neapolitanischen Anjous herrschten. Heute zählt Kassiópi viele britische Gäste, die es sich in der großen Hafenbucht im Westen des Orts gemütlich machen. Angenehm lebendig ist die Atmosphäre am Fischerhafen mit den Kai-Cafés, Tavernen und Musikbars, von denen man

Idyllisch schaukeln die Motorboote im Hafen der kleinen Stadt Kassiópi

auf die vor Anker liegenden Fischer- und Ausflugsboote blickt. Den Charme Kassiópis ergänzen die gepflegten kleinen, in Felsbuchten geschmiegten Kieselstrände, die man leicht zu Fuß vom Ortskern erreicht: Vor allem der Kanóni-, der Bataría- und der Pipítos-Strand mit ihren Mietliegestühlen haben sich den Ruf des Exklusiven erhalten, während der lange Kalamiónas-Strand recht nah an der Schnellstraße liegt.

 Sehenswert

Venezianisches Kastell
| Burg |

Einen großen Teil der Halbinsel im Norden des Orts nimmt die Burgruine ein, die im 14. Jh. von einer venezianischen Adelsfamilie auf den Überresten einer älteren Burg erbaut wurde. Das Areal ist verwildert: Uralte Olivenbäume und mächtige Baumwurzeln scheinen der Zeit zu trotzen. Herrlich ist der Ausblick über den Ort und das Meer bis nach Albanien.

■ Links der Straße zum Hafen (ausgeschildert), frei zugänglich

Panagía Kassopítras
| Kirche |

Die Kirche Panagía Kassopítra mit dem blumenreichen Innenhof ist mit Fresken aus dem 17. Jh. und einer als wundersam geltenden Marienikone ausgeschmückt, die der schiffbrüchige Maler Theódoros Poulákis 1670 zum Dank für seine Rettung schuf. Die Marienkirche wurde 1580 von Venezianern an Stelle eines zerstörten Vorgängerbaus errichtet. In der Antike soll hier ein Zeus-Tempel gestanden haben.

■ Rechts der Straße zum Hafen, tagsüber meist geöffnet

 Restaurants

€€ | **Cavo Barbaro** Auf einer schattigen Terrasse am Meer gibt es typische

ADAC *Wussten Sie schon?*

mezédes wie Zucchinipuffer sowie Fisch und Fleisch vom Holzkohlegrill. ■ Avláki, Tel. 26 63 08 19 05

€€ | **Pétrino** Hübsches Ambiente mit Hafenblick, dazu Leckeres aus dem Meer sowie korfiotische Spezialitäten. ■ Am Hafen, Tel. 26 63 08 16 44

€€ | **The Old School** Bodenständige Gerichte vom Grill aber auch Korfus Spezialitäten wie sofríto (Rinderfilet in Knoblauch und Weißwein) unter einem 200-jährigen Baum. ■ Am Hafen, Tel. 26 63 08 12 11

€€€ | **Eucalyptus** Strandtaverne mit gehobenem Ambiente und innovativer mediterraner Küche, idyllisch in einer alten Ölmühle am Wasser gelegen. ■ Ágios Stéfanos Siniés, Tel. 26 63 08 20 07, www.eucalyptustaverna.com

€€€ | **Trilogía** Abseits des Trubels werden sorgsam angerichtete und schmackhafte mediterrane und regionale Gerichte in schönem Ambiente serviert – auch als Menüs. ■ Über dem Pipítos Beach, Tel. 26 63 08 15 89, www.trilogiacorfu.com

 Einkaufen

Krocan Gut sortiertes Delikatessen-Geschäft mit einer Fülle an Leckereien wie Olivenöl, Marmeladen oder korfiotischem Eis sowie bunte, handgemachte Schürzen. ■ Ortskern, Tel. 26 63 08 11 48

 In der Umgebung

Avláki
| Strand |

Knapp 2 km südöstl. von Kassiópi erstreckt sich in einer von tiefem Grün gesäumten Bucht der Kiesstrand Avláki. In der recht unverbauten Bucht mit zwei Tavernen kann man gut schnorcheln.

Ágios Stéfanos Siniés
| Ort |

Nobler und verschwiegener als Kassiópi gibt sich die Halbinsel von Ágios Stéfanos Siniés, wo die Rothschilds ein Anwesen besitzen. Die stille Bucht mit ausgezeichneten Tavernen, die sich an Sommerabenden mit Freizeitkapitänen und Weltenbummlern füllen, erreicht man auf einer reizvollen steilen Serpentinenstraße durch uralte Olivenwälder.

25 Paliá Períthia

Geisterdorf mit wunderschöner historischer Bausubstanz

Der reizvoll unterhalb des Pantokrators gelegene Bergort Paliá Períthia mit seinen alten venezianischen Steinbauten und verfallenden Kirchen war bis auf eine einzige Taverne bereits fast völlig aufgegeben und ist heute ein einzigartiges Architekturensemble des 15.–17. Jh. Mittlerweile herrscht hier in den Sommermonaten durch zahlreiche Tagestouristen wieder reges Leben, und ein halbes Dutzend bodenständiger Lokale versorgt die Besucher. Von der einsamen Lage des Orts zeugt bereits die Stichstraße, die von Norden her durch die unberührte Natur ins Dorf führt. Knallroter Klatschmohn und gelber Ginster sorgen dort im Frühjahr für Farbkleckse in der grünen Hügellandschaft. Aus Angst vor Piratenangriffen wurde Paliá Períthia im 14. Jh. im Hochtal weit abseits der Küste erbaut.

Bis in die 1960er-Jahre wurde das Dorf bewohnt. Dann lockte der Tourismus die Einwohner in die Küstenorte, und Paliá Períthia vereinsamte, konnte sich daher aber die historische Bausubstanz erhalten. Heute gibt es in dem hübschen Dorf mit seinen gut 100 verlassenen Häusern und den acht Kirchen sogar eine Unterkunft (siehe S. 77). Dennoch fühlt man sich bei einem Spaziergang durch die gepflasterten, teils auch überwucherten Gassen in alte Zeiten versetzt.

 Restaurants

€ | Fóros Essen wie bei Muttern unter einem Blätterdach in familiärer Atmosphäre. Leckere korfiotische und griechische Hausmannskost wie beispielsweise Kaninchen-Stifádo oder Lamm in Zitronensauce sowie ein Wallnusskuchen zum Nachtisch. ■ Ortskern, Tel. 69 55 95 04 59

€ | The Old Períthia In der ältesten Taverne des Ortes, die mit einem schönen Ausblick auf die Hügellandschaft glänzt, werden bodenständige korfiotische Spezialitäten wie tsigaréli (gekochte Wildkräuter) und bourdéto (Fisch in pikanter Tomatensauce) serviert – gekocht aus regionalen Zutaten. ■ Ortskern, Tel. 26 63 09 80 55

Die Bucht von Ágios Stéfanos ist auch vom Meer aus betrachtet wunderschön

Übernachten

In Sachen Unterkunft lässt Korfus Nordostküste auch bei anspruchsvollen Gästen keine Wünsche offen. Luxuriöse Hotels und Resorts sowie schicke Ferienhäuser und Apartments sorgen zwischen der Halbinsel Komméno und Kalámi für stilvolle Ferien mit herrlichen Aussichten. Etwas einfacher zeigen sich die Apartmentanlagen in den quirligen Ferienorten Ípsos und Kassiópi. Üblich ist oft ein Mindestaufenthalt von zwei Nächten (Apartments) bis zu einer Woche (Ferienhäuser).

Halbinsel Komméno 64

€€ | **Komméno Bella Vista** Sehr gepflegte und freundlich geführte Apartments, die auf einer Anhöhe liegen und einen herrlichen Blick auf das Meer bieten. Mietwagen empfehlenswert. ■ Komméno, über der Dafníla-Bucht, Tel. 26 61 09 10 90, www.corfu-bellavista.com

€€€ | **Grecotel Corfu Imperial** Stilvoll eingerichtete 5-Sterne-Anlage umgeben von kleinen Strandbuchten mit mehreren Restaurants und Freizeitangebot für Groß und Klein. ■ Tzávros, Tel. 26 61 08 84 00, www.corfuimperial.com

Dassiá 64

€€ | **Casa Lucia** In einer Gartenanlage gruppieren sich zehn in stilvoller Restaurierung aus venezianischen Ölpressegebäuden entstandene Cottages. Die Besitzerin veranstaltet Konzerte, Yogaseminare und Dichtertreffen. ■ Sgómbou, 3 km südwestl. von Dassiá, Tel. 26 61 09 14 19, www.casa-lucia-corfu.com

€€€ | **Ikos Dassiá** Edle und moderne Zimmer, Suiten und Villen in einer luxuriösen und weitläufigen 5-Sterne-All-Inclusive-Anlage mit Pools, Restaurants, Spa und mehreren Freizeit- und Sporteinrichtungen am Meer. Mindestaufenthalt fünf Nächte. ■ Hauptstraße, Tel. 26 61 44 16 00, www.ikosresorts.com

Ípsos-Pirgí 66

€€ | **Summer Wine** Idyllisch landeinwärts gelegene, sehr gepflegte Anlage mit einem Pool und elf Zimmern, besonders herzlich geführt. Leckeres Frühstück. ■ Straße Richtung Análipsi/Káto Koriakána, Tel. 69 85 85 09 89, www.summerwinecorfu.gr

Barbáti 69

€–€€ | **Barbáti Blick Bungalows** Studios und Apartments mit Meerblick und Pool, geführt von deutsch sprechenden, freundlichen Gastgebern. Mietwagen empfehlenswert. ■ Südl. Ortsrand oberhalb der Inselrundstraße, Tel. 26 61 09 38 57, www.bbb-apartments.gr

€€ | **Barbáti View** Inmitten von Olivenbäumen, sehr ruhig am Hang gelegene Apartments mit Blick über das Meer bis zum Festland und sehr gepflegtem Pool. ■ Oberhalb der Inselrundstraße, Tel. 69 77 36 94 11 (mobil), www.barbatiview.gr

€€ | **Pantokrator** 66 Luxury- und 34 Standardzimmer, alle mit Balkon und Klimaanlage. Herrlich gelegener Swimmingpool. ◼ Nördl. Ortsrand oberhalb der Inselrundstraße, Tel. 26 63 09 10 05, www.pantokratorhotel.com

Nissáki 69

€€ | **Krouzerí Beach Apartments** Sieben moderne und geräumige Apartments in hübschem Garten direkt am Kieselsteinstrand. ◼ Krouzerí-Bucht (4 km östl. von Nissáki), Tel. 26 63 09 14 40, www.nissaki-corfu.com

€€€ | **Atlantica Nissáki Beach** Wohnen direkt über dem Meer – traumhaft entspannend. Nur für Erwachsene. Mindestaufenthalt zwei, in der Hochsaison fünf Nächte. ◼ Krouzerí-Bucht (4 km östl. von Nissáki), Tel. 26 63 09 12 32, www.atlanticahotels.com

Kalámi 70

€€ | **White House** Das Ex-Wohnhaus der Durrells ist auch preisgekrönte

TV-Location und Unterkunft mit vier Schlafzimmern, teils mit Originalmobiliar. ◼ Südufer der Bucht, Tel. 26 63 09 10 40, www.thewhitehouse.gr

€€€ | **San Antonio Corfu Resort** Im Olivenwald oberhalb des Strandes gelegenes 4-Sterne-Resort nur für Erwachsene mit grandiosem Blick auf die Bucht. Mindestaufenthalt drei Nächte. ◼ Oberhalb der Bucht, Tel. 26 63 09 13 68, www.sanantoniocorfuresort.gr

Kassiópi 72

€ | **Villa Pérris** Acht individuelle Apartments und Studios nur 200 m von den Stränden Kanóni und Bataría entfernt. Mindestaufenthalt drei Nächte. ◼ Oberhalb des Fischerhafens, Tel. 69 77 07 07 75 (mobil), www.villa perris.gr

€€ | **Melina Bay** Modern und hübsch eingerichtete Zimmer mit angeschlossenem Restaurant und aufmerksamem Service in toller Lage gleich am Hafen. ◼ Hafen, Tel. 26 63 08 10 30, www.melinabay.com

ADAC *Das besondere Hotel*

The Merchant's House, die einzige Unterkunft in Paliá Períthia, wurde vom sehr engagierten englisch-niederländischen Paar Saskia und Mark mit viel Liebe zum Detail gestaltet. Das Haus mit vier stilvollen Suiten ist ideal für Paare auf der Suche nach Ruhe. Trotz moderner Annehmlichkeiten fühlt man sich durch die authentische Restaurierung in alte Zeiten versetzt – Hauptsache man mag die abgeschiedene Lage.

€€€ | The Merchant's House, Paliá Períthia, Tel. 26 63 09 84 44, www.merchants housecorfu.com

Der Nordwesten – urige Dörfer und weite Strände

Weitläufige Strände und wunderschöne Buchten, quirlige, aber auch gemütliche Urlaubsorte sowie grandiose Küstenszenerien

In Korfus Nordwesten erstrecken sich grüne Täler und uralte Olivenhaine zwischen Hügellandschaften – gespickt mit urigen Dörfern. Die Küste ist von weitläufigen Stränden durchzogen, die oft nur von einem ins Meer ragenden Kap unterbrochen werden, wie bei den gemütlichen Urlaubssiedlungen Aríllas, Ágios Geórgios Págon und Ágios Stéfanos Avlóiton. Im Hinterland locken Bergdörfer wie Afiónas, Makrádes und Liapádes mit ursprünglichem Charme, Makrádes außerdem mit der sehenswerten Burg Angelókastro. Beliebtester Ferienort der Region ist Paleokastrítsa, geprägt von der zerklüfteten Küstenlandschaft und Buchten mit glänzendem Wasser in allen Blautönen. Eindrucksvoll ist zudem die bizarre Klippenlandschaft im äußersten Nordwesten bei Sidári. Dort sowie westl. davon in Róda und Acharávi geht es an der Nordküste hauptsächlich um Badespaß.

In diesem Kapitel:

ADAC Top Tipps:

 Kap Drástis, Sidári
| Aussichtspunkt |
Die eindrucksvolle Klippenlandschaft an der äußersten Nordwestspitze der Insel sorgt für atemberaubende Urlaubsfotos. 84

 Porto Timóni, Afiónas
| Strand |
Die Zwillingsbucht auf einem schmalen Landstreifen gehört zu den schönsten Stränden der Insel. 87

 Angelókastro, Makrádes
| Bauwerk |
Seit gut 300 Jahren trotzt die »Engelsburg« auf einer Felsspitze über dem Meer dem Zahn der Zeit. 89

ADAC Empfehlungen:

26 Acharávi

Beliebter Ferienort mit langem Sand-Kies-Strand und hübschen Apartments

Eine breite, von Läden und Autowerkstätten gesäumte Durchgangsstraße prägt den ersten Eindruck von Acharávi. Doch davon sollte man sich nicht abschrecken lassen. Wie die spärlichen und überwucherten Reste von Thermen am westl. Ortsrand beweisen, schätzten schon die Römer diesen Platz. Gefunden hat man dort Teile von Schächten, Pfeilern und Heißluftkanälen. Sie dienten vermutlich als eine Art Fußbodenheizung für ein Herrenhaus, das hier in vergangenen Tagen gestanden haben soll. Entlang der Stichstraßen zu dem langen Sandstrand mit einigen Kiesabschnitten gibt es viele charmante Familienhotels, die mit gepflegten Gärten aufwarten. Der alte Ortskern liegt etwas abgeschieden landeinwärts.

 Sehenswert

Folkloremuseum
| Museum |

Das kleine, aber feine Museum erzählt mit Fotos, alten Trachten, Möbeln, Münzen und uralten Werkzeugen vom Leben auf Korfu in den letzten drei Jahrhunderten.

■ Durchgangsstraße (westl. Ortsrand), Tel. 26 63 06 30 52, www.museum-acharavi.com, Mo–Sa 10–14 und 18–20.30 Uhr, 3 €, Kinder 1,50 €

 Restaurants

€€ | Afrós Die Wirtsfamilie des Strandlokals bereitet frischen Fisch und Meeresfrüchte zu, je nachdem, was auf dem Markt angeboten wird. Serviert werden beispielsweise Schwertfisch und mit Sepiatinte geschwärzte Spaghetti. Guter Hauswein. ■ Paralía Acharávis Káthodos 6 (Strand), Tel. 69 07 36 42 37 (mobil)

An dem langen Strand von Acharávi gibt es immer ein freies Plätzchen

€€ | **Maístro** Köstliche Fisch- und Meeresfrüchtegerichte, leckere griechische Hausmannskost und ein toller Ausblick von der Terrasse auf das Meer – besonders zum Sonnenuntergang. Einmal pro Woche gibt es Livemusik. ■ Paralía Acharávis 8 (Strand), Tel. 26 63 06 30 20, www.maistroacharavi.com

 Sport

S-Bikes Cycle Corfu Verleih unterschiedlicher Fahrradtypen – u. a. auch E-Bikes – und geführte Mountainbiketouren in diversen Schwierigkeitsstufen. ■ Hauptstraße westl. Ortsrand, Tel. 26 63 06 41 15, www.cyclecorfu.com, Mo–Sa 9–21 Uhr

Dive Easy Tauchausflüge für Anfänger und Fortgeschrittene zu Riffen, Höhlen und einem Wrack sowie Tauchkurse und Schnorchelausflüge. ■ Hauptstraße westl. des Kreisverkehrs, Tel. 26 63 02 93 50, www.divecorfu.com

 In der Umgebung

Kap Agía Ekateríni
| Landschaft |

Nicht nur für Vogelfreunde lohnt sich eine Strandwanderung durch die Dünen von Almyrós bis zum Kap Agía Ekaterínis, der nördlichsten Stelle Korfus. Die lange, den Winden ausgesetzte Küstenlinie ist vor allem bei Surfern und Joggern sehr beliebt. Die sich südöstl. anschließende Antinióti-Lagune bei Ágios Spyrídonas ist zum Vogelschutzgebiet erklärt worden und über kleine Fußgängerbrücken erreichbar. Hier sind zahlreiche Watt- und Zugvögel beheimatet, die auch durch die Fischfarmen der Gegend angelockt werden.

Im Blickpunkt

Der Corfu Trail – Korfus einziger Fernwanderweg

Im Jahr 2001 wurde auf Korfu der 220 km lange Corfu Trail eröffnet, der mithilfe gelber Markierungen und den Buchstaben CT über die ganze Insel führt: vom Kap Agía Ekateríni im äußersten Norden bis hin zum Kap Arkoudíla an der Südspitze, durch ländliche Gegenden, vorbei an schönen Stränden und mit tollen Ausblicken. Beste Zeit zum Wandern ist von Mai bis Juni, wenn Korfu in voller Blüte steht. Ins Leben gerufen wurde die Idee zum Corfu Trail von der Britin Hilary Whitton-Paipeti, die auch einen Wanderführer zu der Route verfasst hat. Der ausgezeichnete »Companion Guide to the Corfu Trail« kann auf www.corfutrailguide.com als pdf bestellt werden. Wer lieber in einer Gruppe wandert, kann bei Anna Aperghi Travel & Tourism (www.aperghitravel.gr) auch eine Wanderreise buchen.

Die Tavernen an der Promenade von Róda laden zu einer Pause ein

27 Róda

Langer Sandstrand und hübsche Apartments im quirligen Urlaubsort

Der fast 10 km lange, weitgehend naturbelassene Sand-Kies-Strand, der sich von Róda über Acharávi bis zum Kap Ekaterínis hinzieht, lockt viele Gäste in den Ferienort Róda. Vom einstigen Fischerort ist noch ein winziger Kern um den Hafen und die Strandpromenade geblieben, ansonsten beherrschen meist niedrige, um einen Pool gescharte Gartenapartments, Minimärkte, Tavernen und Bars das Bild. Im Hafen liegen Ausflugs- und Fischerboote vor Anker.

 Restaurants

€€ | **Nikos Family Taverna** Typisch griechischer Familienbetrieb, in dem außer frischem Fisch leckere lokale Gerichte serviert werden. Livemusik sorgt oft für ausgelassene Stimmung, sodass auch mal das Tanzbein geschwungen wird. ▪ Ortskern, Tel. 26 63 06 34 34

 Cafés

The Boathouse Typisch griechische Stühle, entspannte Atmosphäre und gute Drinks sorgen für absolutes Urlaubsflair mit Blick über das Meer bis nach Albanien. ▪ Östl. des Hafens am Meer, Tel. 69 39 63 50 00 (mobil)

 In der Umgebung

Astrakerí
| Strand |

Westlich von Róda liegt der wenig bekannte Badestrand Astrakerí. Hin und wieder stehen ein paar Liegestühle im Sand, dazwischen mischen sich einige Handtücher und vereinzelt ein Schirm. Der breite Strand bietet für Kinder viel Platz zum Toben. Oberhalb kann man in zwei besonders guten Fischtavernen Frisches aus dem Meer genießen.

Nímfes
| Ort |

In der wasserreichen Region rund um das ursprüngliche Binnendorf werden die Zwergorangen Kumquats angebaut. Naturfreunde sollten im Frühjahr am Fußballfeld vorbei zu den Wasserfällen von Nímfes fahren. Wenn der Winter regenreich war, bietet sich dort ein herrlicher Anblick auf das Wasser. Architekturfans sollten einen Halt bei der sehenswerten, aber verschlossenen Kirche Estavroménou am nördl. Ortsrand einlegen. Das Gotteshaus aus dem Jahr 1731 fasziniert mit seiner einmaligen Bauweise, die an einen buddhistischen Bau erinnert: ein sechseckiger Grundriss mit eckiger Kuppel, der eine weitere, kleinere Kuppel aufgesetzt ist.

28 Sidári

Ein »Liebeskanal«, viele Poolbars, weiße Klippen und »very British«

Bacon and eggs und eisgekühltes Lager, ziemlich authentische indische Restaurants und Pubs, die erstaunliche Kollektionen von Rugby-Hemden ihr eigen nennen – keine Frage: Der einstige Fischerort Sidári ist längst ein Stück »Klein-England« geworden. Da die meisten britischen Badegäste gerne am hoteleigenen Pool bleiben, fällt die nicht befriedigend geklärte Abwassersituation nicht so sehr ins Gewicht, dabei hätte der kilometerlange, kinderfreundlich seichte Sandstrand, hinter dem die Vergnügungsmeile beginnt, Besseres verdient. Interessant sind für Urlauber die Ausflugsboote, die vom Hafen zu Entdeckungstouren entlang der faszinierenden Klippenlandschaft südwestl. von Sidári fahren.

 Sehenswert

Canal d'Amour
| Strand |

Sidáris Hauptattraktion, ein Sandsteinfjord namens Canal d'Amour, liegt gut getarnt nördl. des Ortskerns hinter einem Hotelpool und den bis an die Klippen vorgeschobenen Bartischen. Der Ursprung der Legende, dass Frauen den Mann ihres Herzens bald ehelichen werden, wenn sie beim Durchschwimmen des wenige Meter langen Sundes an ihn denken, verliert sich in der Grauzone zwischen Volksmärchen und touristischer Imagepflege.

 Restaurants

€ | Orchard Üppig grüner Garten, der am Abend durch viele bunte Lichter beleuchtet wird. Serviert werden typische mezédes und Hausmannskost. ◼ Westl. Ortsrand bei Mélitsa, Tel. 26 63 09 59 21

€€ | Bikólis Dörfliches, traditionelles Flair und bodenständige landestypische Spezialitäten machen aus der Taverne ein gemütliches Refugium. ◼ Östl. Ortsrand Perouládes (3 km westl. von Sidári), Tel. 26 63 09 52 91

 Kneipen, Bars und Clubs

Vintage Beliebte Cocktailbar im schicken Vintage-Look mit hervorragenden Drinks und Cocktails bei guter Musik. ◼ Hauptstraße südl. des Hafens, Tel. 69 34 59 32 13 (mobil)

 Erlebnisse

Fortuna Sea Tours Bootsausflüge zum Kap Drástis vorbei am Canal d'Amour, Sunset-Touren zum Lóggos-Strand sowie Schnorchelausflüge. Außerdem fahren Bootstaxis zu den Diapontischen Inseln (siehe S. 106) Eríkousa und Mathráki. ■ Am Hafen, tgl. 10–17 Uhr, Tel. 69 80 74 18 20 (mobil), www.fortunaseatours.com

Wave Boat Vermietung von Motorbooten, mit denen man die lebhafte Nord- sowie die faszinierende Nordwestküste bis nach Ágios Stéfanos Avliotón erkunden kann. ■ Hauptstrand, Tel. 69 45 73 10 30 (mobil), www.waveboathire.com

 In der Umgebung

Perouládes
| Ort |

Reizvoller als Sidári ist die Fahrt durch den dezenteren Ferienort Perouládes, in dem noch einige traditionelle Häuser aus venezianischer Zeit stehen. Urlauber lockt hier der handtuchschmale Badestreifen Lóggas vor den steilen Felsklippen unterhalb des Cafés Panorama 7th Heaven, in dem zur Zeit des Sonnenuntergangs nur schwer ein Plätzchen zu bekommen ist. Der sich hier inszenierende Sundowner ist einfach grandios! Zum Baden ist der atemberaubend gelegene, über zahlreiche Stufen erreichbare Sandstrand aufgrund der Steinschlaggefahr und des trüben Wassers jedoch eher nicht zu empfehlen.

Kap Drástis
| Aussichtspunkt |

 Faszinierende Sandsteinformationen sorgen für tolle Fotos

Korfus Postkartenmotiv schlechthin sollten nicht nur Hobbyfotografen, die in der Gegend unterwegs sind, ansteuern. Das von Perouládes aus ausgeschilderte Kap mit den windverschlif-

fenen weißen Sandsteinformationen bildet den nordwestlichsten Punkt der Insel. Es kann allerdings nur aus der Ferne bestaunt werden, da sich der letzte Teil des Geländes vor der Anhöhe des Kaps in Privatbesitz befindet und ein Zaun den Zutritt verwährt. Vom Aussichtspunkt an der nicht asphaltierten Straße hat man dennoch einen faszinierenden Blick auf die Traumbucht. In vielerlei Blau- und Türkistönen schimmert das Wasser unterhalb von skurrilen, weißen Kalksteinhügeln, die mit der grünen Macchia für atemberaubende Farbkontraste sorgen. Wer in der Bucht mit improvisierter Beach-Bar baden möchte, steuert das Kap von Sidári aus mit einem Ausflugsboot an.

29 Aríllas

Badeort mit goldfarbenem Sandstrand und einem Hauch Esoterik

Individualreisende, Camping- und Caravan-Urlauber wissen die schlicht gebliebene Bucht von Aríllas zu schätzen. Die ruhige Streusiedlung liegt in einer von unzähligen Olivenbäumen bewachsenen Küstenebene zwischen zwei Kaps und begeistert ihre Besucher mit einem etwa 2,5 km langen Sandstrand. Sehenswürdigkeiten hat Aríllas nicht, dafür treffen sich Stammgäste hier zur Meditation, machen Yoga, Tai Chi und mehr. Der jährlich zu Beginn der Saison von einer Initiative des Orts instand gehaltene und gut ausgeschilderte »Arillas Trail« lockt Erkundungsfreudige außerdem zu einem Spaziergang in die reizvolle Natur im Hinterland. Wer hier wandern geht, sollte in jedem Fall genügend Wasser dabei haben!

Einer Traum von einer Landschaft: das Kap Drástis im Licht der tiefstehenden Sonne

Restaurants

€€ | Broúklis Gemütliche Atmosphäre, freundliche Gastgeber und eine weinüberrankte, lauschige Terrasse. Gekocht wird hier typisch griechisch mit vielen Zutaten aus der Region. ■ Broúklis 7, Tel. 26 63 05 14 18, www.brouklis.com

€€ | Líthero Köstliche Pizza aus dem Holzofen und hausgemachte Pasta, dazu leckeres Corfu Beer vom Fass in freundlicher Atmosphäre. ■ Hauptkreuzung im Ort, Tel. 26 61 70 04 54

Kneipen, Bars und Clubs

Akrotíri Café Herrliche Aussicht zu beiden Buchten und romantischer Sundowner – ideal zum Kaffee, Bier oder eben zum Cocktail. Aber auch leckere Snacks sind hier Programm. ■ Am Kap zwischen Aríllas und Ágios Stéfanos, Tel. 69 37 52 27 10 (mobil), www.akrotiri-cafe.com

Ámmos Beach Bar Chillige Atmosphäre und entspannte Lounge-Musik machen aus der Beach-Bar eine beliebte Adresse zum Relaxen. ■ Am Strand, Tel. 26 63 05 14 50

Erlebnisse

Corfu Beer Im Jahr 2009 eröffnete in Aríllas Korfus erste Brauerei, in der sieben Sorten Bier nach bayerischem Reinheitsgebot gebraut werden. Samstags werden englischsprachige Führungen angeboten. Der einstündigen Tour folgt natürlich die Bierverkostung. ■ Straße Richtung Magouládes, Tel. 26 63 05 20 72, www.corfubeer.com, Mo–Sa 9–14.30 Uhr, Führungen Sa 11 und 12 Uhr

Green Corfu Großes Angebot an alternativen Urlaubsformen, so etwa mit Meditation, Yoga, Gesangsseminaren oder Musikevents sowie Agrotourismus. ■ Hauptstraße im Ortskern, Tel. 26 63 05 18 89, www.greencorfu.com

Events

Corfu Beer Festival Initiiert von der lokalen Brauerei findet jedes Jahr im Herbst ein Festival im Zeichen des Gerstensaftes statt (siehe S. 128).

 In der Umgebung

Ágios Stéfanos Avliotón
| Strand |

Rund um den attraktiven, 3 km langen und von Beach-Bars und Tavernen gesäumten Sandstrand von Ágios Stéfanos Avliotón sind in den letzten Jahren zahlreiche neue Ferienanlagen entstanden. Wegen des flach abfallenden Sandes ist der Strand für Familien mit Kindern besonders gut geeignet. Im Norden, wo gern auch nackt gebadet wird, verläuft der Strand unterhalb der Steilküste. Von dem kleinen Hafen am Kap im Süden verkehren Boote zu den Diapontischen Inseln (siehe S. 106).

30 Afiónas

Blumenort mit Zauberblick und eine traumhafte Doppelbucht

Der deutsche Archäologe Wilhelm Dörpfeld war aufgrund seiner Funde am Kap Aríllas fest davon überzeugt, das antike Afiónas sei jene in der Dichtung Homers beschriebene Burg des Phäakenkönigs Alkínoos, dessen Tochter Nausikaa den nackt an den Strand gespülten Odysseus so gastfreundlich aufnahm (siehe S. 38). Heute kommen hier weniger Odysseeforscher als Individualtouristen an, die den nostalgischen Charme dieses hoch über dem Golf von Ágios Geórgios Págon (siehe S. 88) thronenden Örtchens genießen wollen. Vor abblätternden hellenisch-blauen, rosafarbenen oder pastellgrünen Fensterläden blühen Bougainvillea und Bleiwurz, Stechapfel und Trompetenbaum. Punkten kann der luftige Ort auch mit seinem unver-

Grüne Hügel und kristallklares Meer umrahmen die Strände von Pórto Timóni

gleichlichen Ausblick auf die Diapontischen Inseln (siehe S. 106) und das unbewohnte Eiland Kraviá, das gleich einem buckligen Seeungeheuer vor der Nordwestküste Korfus aus der Straße von Otranto ragt. Auf verschiedenen Tavernenterrassen wird den zahlreichen Besuchern zum Naturspektakel des Sonnenuntergangs beste Familienküche serviert. Aussichtsbänke laden am oberen Ortsrand zum Verweilen ein.

 Sehenswert

Pórto Timóni
| Strand |

 Zwei der schönsten Strände der Insel in einem

Vom oberen Ortsrand bei den Tavernen Diónysos und Ánemos geht es auf einem Maultierpfad in zahlreichen Kehren hangabwärts zur einzigartigen Doppelbucht von Porto Timóni. Die etwa 30-minütige Wanderung dorthin sollte nur mit geeignetem Schuhwerk und langen Hosen vorgenommen werden, da die Wegstrecke an vielen Stellen von Stechginster überwuchert ist. Aber die herrliche Zwillingsbucht mit den beiden Kiesstränden und dem glasklaren Wasser entschädigt für die Strapazen des Weges. Unbedingt Verpflegung mitnehmen, um den kleinen Ausflug genießen zu können.

 Restaurants

€€ | **Panórama** Gemüse und Olivenöl aus Eigenanbau, Feta von eigenen Schafen und dazu eine hinreißende Aussicht auf die Diapontischen Inseln. Zum Sonnenuntergang unbedingt reservieren! ■ Zufahrtsstraße, Tel. 69 78 98 48 76 (mobil)

€€ | **Pórto Timóni** Grandioser Ausblick auf die Bucht von Ágios Geórgios Págon, freundlicher Service und leckeres Essen bei gutem Preis-Leistungs-Verhältnis. ■ Südöstl. Ortsrand, Tel. 26 63 05 20 51

ADAC *Wussten Sie schon?*

In vielen Lokalen wird neben dem korfiotischen Bier die inseltypische **tsitsibíra** (Ginger Beer), Limonade mit Ingwer, angeboten. Der kohlensäurehaltige, alkoholfreie Softdrink aus Wasser, Zucker, Zitronensaft und Ingwer wird seit 1975 in einer kleinen Fabrik im Inselinneren hergestellt und wurde vermutlich einst von den Briten auf der Insel eingeführt. Vor allem im Sommer trinken die Korfioten den in ganz Griechenland einzigartigen Durstlöscher gern.

 Einkaufen

Oliven und Meer Der kleine, aber feine Laden verkauft neben korfiotischen Spezialitäten auch die empfehlenswerten »Der Bulle von Korfu«-Krimis des Autors Roberto Bardéz, die spielerisch gute Einblicke in die griechische Gesellschaft vermitteln. Geführt wird das Geschäft von Heidi und Rainer Kalkmann. Die Besitzerin malt zudem und zeigt ihre Werke in Ausstellungen. ■ Afionias, Tel. 26 63 05 20 81, www.olivenundmeer.de

 Kinder

Donkeys Afiónas Wer Afiónas einmal auf eine andere Weise erkunden möchte, der ist bei Eselsführer Grigóris

![Einen großen Strand und herrliche Fernblicke bietet Ágios Geórgios Págon]

Einen großen Strand und herrliche Fernblicke bietet Ágios Geórgios Págon

genau richtig. Auf dem Rücken seiner Tiere geht es täglich um 17 Uhr einmal quer durchs Dorf (5 €). Für die kleinen Besucher ist ein Ausritt auf einem Esel ein ganz besonderes Erlebnis. ■ Ortskern, Tel. 69 77 46 81 78 (mobil)

31 Ágios Geórgios Págon

Locker bebauter Ferienort mit einem der schönsten Strände der Insel

Das Seebad Ágios Geórgios Págon erstreckt sich zwischen zwei Bergdörfern und zieht viele deutsche, aber auch griechische Stammgäste an. An der sichelförmigen, 3 km langen, breiten Sandbucht dösen Liegestuhlvermieter unter improvisierten Strohdächern, andere sorgen für das große Wassersportangebot. Doch auch der eigenwillige Uferstraßenverlauf und viele einfache Pensionen halten hier die lieb gewonnene Illusion eines gerade erst touristisch erwachenden Griechenlands noch aufrecht. Die vielen Individualtouristen wohnen in kleinen Apartmentanlagen, Familienhotels und Ferienhäusern, die sich locker zwischen den grünen Hügeln hinter dem Strand verteilen. Große Hotels sucht man vergeblich.

 Restaurants

€€ | **Delfíni** Am schönsten sitzt man in der gemütlichen Taverne unterm Blätterdach in der »ersten Reihe« gleich am Strand. Lecker sind die mezédes und die typischen Schmorgerichte. ■ Am Strand, Tel. 26 63 09 63 23

€€ | **Fisherman's Cabin** In der ältesten Fischtaverne der Region, erreichbar in 30 Min. zu Fuß über einen Schotterweg, gibt es mitten im Olivenhain mit Blick auf das Meer frischen Fisch und köstliche Meeresfrüchte. ■ Südufer der Bucht, Tel. 69 42 58 55 50 (mobil), tgl. ab 14 Uhr

✳ Erlebnisse

 Ílios 1996 von deutschen und griechischen Goldschmieden und Künstlern ins Leben gerufenes Projekt. Hier kann man Goldschmiedekurse belegen, das geschaffene Geschmeide anschließend mit nach Hause nehmen oder auch ohne Seminar einfach etwas kaufen. ■ Südl. Ende der Uferstraße, Tel. 26 63 09 60 43, www.ilios-living-art.com, Mo–Sa 10–14 und 17–20 Uhr

32 Makrádes

Lokale Produkte auf dem Weg zur markanten, uralten Festung Angelókastro

In dem regelmäßig von Bussen bei Rundfahrten angesteuerten Makrádes lohnt es sich, bei den Bauern am Ortsrand haltzumachen, um günstig Olivenöl, Landwein und erlesenen Thymianhonig einzukaufen. Nur mit Mühe und Not kann sich ein Wagen durch den Ortsteil Kríni hindurchschlängeln, auf dessen Miniatur-Platía die Zeit stehen geblieben zu sein scheint. Ein besonderes Erlebnis für sich bietet eine Kaffeepause in dem kleinen Ort oder ein Spaziergang durch die engen Gassen. Seine Ursprünglichkeit ist am besten am späten Nachmittag zu spüren, wenn die Reisebusse wieder weg sind.

👁 Sehenswert

Angelókastro
| Burg |

 Eine der bedeutendsten byzantinischen Festungen des Landes

Die nie eroberte Burg Angelókastro liegt wie eine Fata Morgana hoch auf einem Felsen. So unglaublich steil erschien späteren Generationen die Lage der im 13. Jh. entstandenen und bis ins 18. Jh. genutzten byzantinisch-venezianischen Festung, dass man ihre Errichtung Engeln zuschrieb. Einst konnte sie bis zu 3000 Menschen Zuflucht bieten, heute sind innerhalb der gewaltigen Außenmauern nur eine Zisterne sowie eine Kapelle und eine Höhlenkirche erhalten. Dennoch lohnt der Aufstieg über die Treppenwege, denn die Aussicht von Angelókastro ist grandios.

■ Di–So 10–18 Uhr (letzter Zutritt um 17.30 Uhr), 2 €, erm. 1 €

33 Paleokastrítsa

 Wilde Badebuchten vor einer großartigen Felsenkulisse

Kein anderes Ziel auf Korfu lässt so viele Urlauber schwärmen wie die im Seglerslang kurz Paleo getaufte »Alte

ADAC *Spartipp*

An bestimmten Tagen im Jahr ist der Eintritt für die staatlichen Museen und archäologischen Stätten frei: am 6. März, 18. April, 18. Mai sowie am letzten Wochenende im Sept., am 28. Okt. und an jedem ersten Sonntag der Monate Nov. bis März.

Burg«. Schon die Anfahrt zu den Badesträngen ist große Inszenierung. Durch eine endlos scheinende Folge von Poolhotels, Tavernen und Scootervermietern hindurch schraubt sich die Straße nach unten, bis man schließlich am limáni (Hafen) ankommt. Gleich links erstreckt sich der kleine Hauptstrand Ágios Spyrídon, gesäumt von Tavernen, die für jeden Geschmack etwas bereithalten, und mit den für Schnorchler interessanten Felskaps, wo die begehrten blauen Liegestühlen stehen, die auf Kundschaft warten. Ein idealer Platz, um dem Treiben der bunt gestrichenen Kaíkis und Ausflugsboote zuzusehen.

Weniger mondän gibt sich der Strand Ágios Pétros auf der rechten Seite des Parkplatzes und der bewaldeten Felsenknolle mit dem Kloster Moní Panagía Theotókou. Im Ortsgebiet sind weitere Kieselstränge wie die eher von Bootsbesitzern angesteuerte Alípa-Bucht, der individuelle Platákia-Strand und der Ambelákia-Strand mit einem Tauchzentrum zu erreichen.

Doch den wahren Paleo-Genuss bieten die unterschiedlichsten Exkursionen: Die beliebten Glasbodenboote unternehmen ganztägige Touren mit Grillpicknick zu den schönsten Stränden Richtung Ermónes und den »Blauen Grotten«. Eine Alternative sind Bootstaxis, die Transfers mit Abholgarantie zu Buchten wie Roviniá oder dem atemberaubenden Chómi-Strand organisieren. Dessen von der Brandung rauschende Kiesel werden von lotrecht abfallenden Steilwänden überragt. Da die etwas abgelegenen Stränge nicht bewirtschaftet sind, sollte man unbedingt eine Flasche Wasser und eventuell auch Proviant von Paleokastrítsa mitnehmen.

 Sehenswert

Moní Panagía Theotókou
| Kirche |

Hauptsehenswürdigkeit von Paleokastrítsa ist das im 18. Jh. errichtete Kloster Panagía Theotókou, der »Gottesgebärerin«, zu dem vom Hafen aus eine per Ampel geregelte Stichstraße hinaufführt. Die weiß gekalkten Mauern umschließen einen paradiesischen Garten mit Weinpergola, die hübsche Klosterkirche, eine stillgelegte Ölmühle und die heute teils als Museum genutzten Trakte. Die einschiffige Kirche schmücken Ikonen des 18. Jh. mit Szenen der Schöpfungsgeschichte sowie eine Darstellung des Jüngsten Gerichts aus dem 17. Jh. Ein bemerkenswertes Detail findet sich auf der rechten Kussikone: Unter der Entschlafung

Mariens ist winzig klein ein Engel zu sehen, der einem Juden die Hände abhackt, weil dieser angeblich die unbefleckte Maria auf dem Sterbebett schänden wollte. Dieser frühchristlich-orthodoxe Antisemitismus findet auf modernen Bildern zum Glück keinen Platz mehr. Das kleine Museum zeigt Ikonen aus dem 17.–19. Jh., liturgisches Gerät sowie kostbare Schriften. ■ April–Okt. tgl. 7–13 und 15–20, Nov.– Mai tgl. 8–19 Uhr

 Restaurants

€€€ | **Akron Beach Bar and Restaurant** Mediterranes und Drinks in entspannter Atmosphäre mit Jazz-Musik (ab und zu live) und Pool am Strand. ■ Strand Agía Triáda, Tel. 26 63 04 12 26, www.akron.gr, Mitte Mai–Mitte Okt.

 Einkaufen

Seminole Leather Workshop Auf den ersten Blick recht unscheinbare Lederwerkstatt. Taschen, Gürtel und andere Kleinlederwaren zu angemessenen Preisen. ■ 18th km Ethnikís Palaiokastrítsas, www.nikossakalisseminole.com

 Kneipen, Bars und Clubs

⑲ **La Grotta** Auf mehreren Ebenen in und auf die Felsen gebaute Beach-Bar, die über 142 abwärts führende Stufen zu erreichen ist. Bei Chillout-Musik schmecken den vielen Hipstern die Cocktails schon tagsüber gut. Mutige springen vom Sprungbrett oder vom Felsen ins Wasser. ■ Von der Hauptstraße erreichbar, Tel. 26 63 04 10 06, www.lagrottabar.com

Das Kloster von Paleokastrítsa scheint dem Himmel ganz nah zu sein

Sport

Korfu Diving Alteingesessene deutschsprachige Tauchschule. Tauchgänge rund um Paleokastrítsa sowie bei Othoní (inklusive Mathráki) und Páxos, Kurse nach VDST/CMAS und PADI, aber auch Schnuppertauchen für Anfänger (50 €) sowie Schnorcheltouren. ■ Ambeláki Beach, Tel. 69 32 72 90 11 (mobil) oder +49 152 28 70 71 71 (Deutschland), www.korfudiving.com

 Erlebnisse

Michalas Boat Rental Den für viele schönsten Küstenabschnitt der Insel, mit spektakulären Grotten, Kliffen und Felsformationen, entdeckt man am besten per gemietetem Boot (bis zu 30 PS auch ohne Bootsführerschein). ■ Hauptstraße, Tel. 26 63 04 10 11, www.corfuboatrental.com

 Kinder

Corfu Aquarium Welche Meeresbewohner leben eigentlich im Meer rund um Korfu? Das erfahren Groß und Klein bei der Führung vorbei an Meeresgetier und einigen exotischen Reptilien. ■ Am Parkplatz, Tel. 26 63 04 13 39, www.corfuaquarium.com, tgl. 10–17 Uhr, 6 € (ab 13 Jahren), 4 € (5–12 Jahre), Eintritt frei bis 4 Jahre

 In der Umgebung

Lákones

| Ort |

Das ganze Panorama von Paleokastrítsa liegt einem zu Füßen, wenn man auf engen Straßen nach Lákones (ca. 10 km nördl.) hinauffährt, das mit seinen Terrassen-Cafés und -Tavernen zu Recht

den Beinamen »Balkon des Ionischen Meeres« führt. Der Verkehr auf der engen Durchfahrtsstraße wird durch eine Ampel geregelt.

Corfu Donkey Rescue

| Erlebnis |

 Ein liebenswertes Refugium für große und kleine Tierfans

Vorbildliche Auffangstation für abgeschobene und kranke Esel. Urlauber können das Team mit einer Spende oder mitgebrachten Äpfeln und Möhren unterstützen. Möglich sind auch Patenschaften für einen Esels (90 €/ Jahr). Außerdem werden oft Flugpaten für Hunde und Katzen gesucht. ■ Nördl. von Doukádes, ausgeschildert von der Villa Alexandra (Straße Paleokastrítsa – Korfu-Stadt), Tel. 69 47 37 59 92, www.corfu-donkeys.com, tgl. 10–17 Uhr

34 Liapádes

Ursprüngliches Bergdorf umgeben von grünen Bergen und schönen Stränden

Bei einem Ausflug ins Binnendorf Liapádes taucht man in eine auch auf Korfu selten gewordene Welt ein. Die winzige Platía gleicht einer Filmkulisse: Nicht weniger als sechs kafenía und ein Kiosk streiten um die Gunst der alten einheimischen Herren, die bei zuckersüßem ellinikós kafés die Wendemanöver verzweifelter Mietautobesitzer verfolgen. Mit Glück kann man beim Verweilen auf dem Dorfplatz noch den einen oder anderen vorbeiziehenden Bauern mit seinem Esel beobachten. Einen Besuch wert ist die aus der venezianischen Epoche stammende Kirche Agía Anastasía mit ihren geheimnisvollen Fassadenreliefs. Den Innenraum schmücken eine lebens-

Griechische Ursprünglichkeit mitten im Grünen findet man noch heute in Liapádes

große silberbeschlagene Kuss-Ikone und eine 450 Jahre alte Prozessionsfahne. Für Badefreuden sorgt an der Küste der Sandstrand Liapádes vor der Kulisse einer steilen Felswand.

 Restaurants

€ | Ária's Grill Authentischer kleiner Familienbetrieb, dessen Speisekarte neben diversen Grillgerichten und Gyros auch typische Hausmannskost bereithält – zu besonders guten Preisen. ◾ An der Straße zum Liapádes-Beach, Tel. 26 63 04 18 07

€€ | Costas Steak House Eine willkommene Abwechslung für Fleischliebhaber mit Steaks vom Holzkohlegrill und diversen Burgern. Besonders lecker auch der Nachtisch, Schokokuchen und Cheesecake. ◾ Nordöstl. Ortsrand, Tel. 26 63 04 10 93

In der Umgebung

Roviniá
| Strand |

9 *Natur pur am abgelegenen Strand an der Westküste genießen*

Der sowohl per Boot von Paleokastrítsa aus als auch nach etwa 20 Minuten Fußmarsch vom Parkplatz unterhalb von Liapádes aus zu erreichende Sand-Kieselstein-Strand ist gleichermaßen bei Einheimischen und Gästen sehr beliebt.

Besonders malerisch erstreckt sich dieser Strand, touristisch unerschlossen, in einer zerklüfteten und dicht bewachsenen Bucht, die mit ihrem glasklaren Wasser gut zum Schnorcheln geeignet ist. Schatten spenden hier nur die Felswände. Versorgen kann man sich mehrmals am Tag bei einem kleinen Boot.

Übernachten

Im Nordwesten Korfus wohnen Urlauber vorwiegend in Studios und Apartments im mittleren Preissegment, aber auch in Hotels der gleichen Kategorie. Sowohl in den lebhaften Ferienorten wie Acharávi, Róda, Sidári und Paleokastrítsa als auch in und um die ruhigeren Küstenorte Aríllas, Ágios Stéfanos Avliotón, Ágios Geórgios Págon und Liapádes zeugen die Unterkünfte vor allem von familiärem Flair. Wer sich selbst verpflegen möchte, hat durch das große Angebot an Apartments und Studios mit Kochnische die Qual der Wahl.

Acharávi 80

€–€€ | Filorian Gut ausgestattete Apartments und Studios für 2–6 Personen in schöner Strandlage, gemütliches Restaurant, Bar und Pool. ◼ Am Strand, Tel. 26 61 04 61 86 (Okt.–April) und 26 63 06 31 07 (Mai–Sept.), www.filorian.com

€€€ | St. George's Bay Country Club Strandhotel im Dorfstil mit 80 Studios und Suiten in mehreren Häusern, einem gepflegten Garten mit Salz- und Süßwasserpool, Spa und Restaurants. Mindestaufenthalt sieben Nächte. ◼ Östl. des Kreisverkehrs, Tel. 26 63 06 32 47, www.stgeorgesbay.com

Róda 82

€ | Paradise Village Gepflegte, kleine Anlage mit geschmackvollen Studios und Villen. Sehr gutes Preis-Leistungs-Verhältnis. ◼ Zwischen Hauptstraße und Hafen, Tel. 26 63 06 35 16, www.paradise-village.net

€–€€ | Angelina Apartments Familiäre Studios und Apartments 100 m vom Strand entfernt mit Swimmingpool im hübschen Garten. ◼ Landeinwärts des Hafens, Tel. 69 36 70 15 43 (mobil), www.angelina-apartments. com

Sidári 83

€ | The Seahorse Gemütliche Apartments rund um eine Pool- und Grünanlage – familiäre Atmosphäre und griechische Gastfreundschaft im Landesinneren. Mietwagen empfehlenswert. ◼ Mélitsa (2 km westl. von Sidári), Tel. 69 74 95 68 02 (mobil)

€€ | Villa de Loulia Patrizierhaus von 1803 mit historischem Charme, Schwimmbecken und stilvoll-dezenter Einrichtung. Zum Frühstück gibt es hausgemachte Konfitüre. ◼ Perouládes, Ortskern, Tel. 26 63 09 53 94, www.villadeloulia.gr

Aríllas 84

€€ | Horizon Modernes Hotel mit Meerblickzimmern und Balkonen, auf denen man den Sonnenuntergang genießt. Das Haus mit Pool, Restaurant und Bar wird besonders freundlich geführt. ◼ Uferstraße, Tel. 26 63 05 17 80, www.horizon-hotel.gr

€€ | Paralía Luxury Suites Stilvoll eingerichtete, moderne Unterkünfte zur Selbstverpflegung nur 30 m vom Strand entfernt – auch mit eigenem Pool buchbar. ◼ Nördl. Ortsrand, Tel. 26 63 05 11 53, www.paralialuxury.gr

Afiónas

€€ | **Panórama** Ruhig gelegene, einfache Apartments über der gleichnamigen Taverne – gut für Selbstversorger. Die spektakuläre Aussicht macht dem Namen alle Ehre. Mindestaufenthalt drei Nächte. ■ Hauptstraße, Tel. 26 63 05 18 46, www.panoramacorfu.com

Ágios Geórgios Págon

€€ | **Apartments Sissy** Großzügige und hervorragend ausgestattete Ferienwohnungen mit tollem Blick über die Bucht, in denen man sich schnell wie zu Hause fühlt. ■ Etwas landeinwärts auf mittlerer Höhe des Strandes, Tel. 26 63 09 62 01, www.villasissy.gr

Paleokastrítsa

€€ | **Odysseus Hotel** Helle, geräumige Zimmer in Hügellage mit toller Aussicht auf die zerklüftete Küste, gutes Frühstück, Abendessen und Preis-Leistungs-Verhältnis. ■ Hauptstraße, Tel. 26 63 04 13 42, www.odysseushotel.gr

€€ | **Akrotíri Beach Hotel** 4-Sterne-Hotel mit über 120 Meerblick- und vielen Familienzimmern, das auf einer Halbinsel hoch über dem Meer thront und viele Stammgäste zählt. ■ Hauptstraße, Tel. 26 63 04 12 37, www.akrotiri-beach.com

€€ | **Thomas Beach Studios** So nah am Strand wohnt man kaum irgendwo anders. Nur vier Studios und Garten, leckeres Frühstück und Balkone, auf denen man hervorragend abschalten kann. ■ Periyaló-Strand, Tel. 26 63 04 10 13, www.thomasbeachstudios.com

Das Akrotíri Beach Hotel über dem Meer

€€ | **Zéfiros Traditional** Das älteste Hotel am Platze (seit 1934) liegt nur wenige Schritte vom Hafen entfernt. Einfach, geschmackvoll, familiär und gutes Preis-Leistungs-Verhältnis. Mindestaufenthalt drei Nächte (in der Hochsaison länger). ■ Hauptstraße, Tel. 26 63 04 12 44, www.zefiroscorfuhotel.gr

Liapádes

€€ | **Anna Pension** Großartige Aussicht, Studios und geräumige Apartments für bis zu fünf Personen, hilfsbereite Gastgeber und nur 500 m bis zum Strand. Auf Wunsch gibt es auch hausgemachtes Abendessen. ■ Liapádes Beach, Tel. 26 63 04 10 61, www.annapension.com

Ausflüge in die Umgebung

Mit dem Boot zu Inseln mit Traumstränden oder einsamen Inselchen, aufs griechische Festland und nach Albanien

Was wäre der Besuch eines griechischen Eilands ohne ein wenig Inselhopping? Eine Bootstour gehört im Seglerparadies rund um Korfu einfach dazu – auch ohne eigenes Boot und buchbar für alle in den Reisebüros der Insel. Besuchenswert sind im Süden die exklusiveren Schwesterninseln Páxos und Antípaxos mit ihren karibisch anmutenden Stränden, wo Ruhesuchende auch gut ein paar Tage länger verbringen und abseits von Hektik und Trubel den Alltag hinter sich lassen können. Auf der Suche nach absoluter Ursprünglichkeit wird man hingegen im Norden fündig, etwa auf den winzigen Diapontischen Inseln oder im noch unbekannten Nachbarland Albanien, wo auch eine spannende archäologische Stätte auf Erkundung wartet. Griechisches Festlandflair gibt es indessen bei einer selbst organisierten Tour nach Ioánnina im Landesinneren – einer sehens-

werten Stadt mit orientalischem Flair. Tagesausflüge zu den Ferienorten Párga und Sívota auf dem griechischen Festland bieten diverse Veranstalter an – natürlich mit Badestopp in herrlichen Buchten.

In diesem Kapitel:

ADAC Top Tipps:

10 **Páxos**
| Insel |
Der mit uralten Oliven bewachsene Inselwinzling gilt als Juwel des Archipels und ist ideal, um einfach einmal zu genießen. Ganz gleich, ob bei einem Tagesausflug oder mit ein paar Übernachtungen. 98

ADAC Empfehlungen:

21 **Carnayo Gold, Mongoníssi (Páxos)**
| Strandbar |
Bei Mojitos und Pizza in einer schönen Bucht die Zeit vergessen 105

 Antípaxos
| Insel |
Zwei exotische Sandstrände um-
rahmt von glitzerndem Blau – egal,
ob man zum Badestopp Voutoúmi
oder Vríka wählt. 105

 Pamvótida-See, Ioánnina
| See |
Geschichtsträchtiger See mit hübscher, besuchenswerter Insel mitten
in der Stadt – ideal für Naturfans, aber
auch für Historiker. 113

 **Móschos Silverfamily,
Ioánnina**
| Geschäft |
Silberschmiedekunst direkt zum Mit-
nehmen, gefertigt nach einer alten
Familientradition. 115

**Paxos Magic Holidays, Gáios
(Páxos)**
| Villen |
Absolut idyllisch: Stilvolle Ferienhäuser und Villen mit Wohlfühlambiente
lassen keine Wünsche offen. 119

Páxos
Bilderbuchorte und exotische Strände

Idylle pur: Der geschwungene Meeresarm trennt Gáios von Ágios Nikólaos

■ Parken: Wer auf Páxos ein Auto oder einen Roller mietet, kann in Gáios entweder an der Promenade am Neuen Hafen oder auf dem Parkplatz hinter der Bushaltestelle parken.

Olivenwanderwege, malerische Küstenorte und Traumbuchten

Als Poseidon das Meer und die Inseln Griechenlands erschaffen hatte, so der griechische Mythos, da wollte er auch für sich einen exklusiven Rastplatz reservieren und stach mit seinem Dreizack die kleine Insel Páxos vom Festland ab. In Anbetracht der Schönheit des 10 km langen und bis zu 3,5 km breiten Eilands südlich von Korfu wäre diese Vorstellung zumindest plausibel. Jedenfalls genießen heute auch Sterbliche die Reize des Inselzwergs mit den Bilderbuchorten, uralten Olivenhainen, herrlichen Badebuchten und Wanderwegen. Das nur etwa 2 km südlich liegende, noch kleinere Eiland Antípaxos lockt mit karibisch anmutenden Sandstränden und kristallklarem Wasser in jeglichen Blautönen. Historisches Erbgut haben Páxos und Antípaxos kaum zu bieten, im Wesentlichen teilte die Insel die Geschicke Korfus. Bis heute prägend war jedoch die venezianische Herrschaft ab 1386, die nachhaltig die Landwirtschaft mit dem Anbau von Olivenbäumen (siehe S. 100) förderte. Wer Zeit hat und auf

Plan
S. 103

ADAC *Mobil*

Einen Tagesausflug nach Páxos kann man im Sommer auch auf eigene Faust machen. Dazu fährt man zwischen Mai und Sept. um 8 Uhr am Morgen in Korfu-Stadt los und um 18 Uhr von Páxos aus wieder zurück, etwa mit Kamelia Lines (siehe S. 102). Bedenken sollte man jedoch, dass man mit dieser Variante weder die Westküste von Páxos sieht, noch nach Antípaxos fährt, um dort einen Badestopp einlegen zu können. Dafür kann man aber (am besten im Voraus) ein Auto, einen Roller oder ein Fahrrad mieten und die Insel sowie den einen oder anderen Strand erkunden.

der Suche nach süßem Nichtstun in schicker Atmosphäre ist, sollte eine oder mehrere Übernachtungen auf Páxos einplanen. Aber auch ein Tagesausflug zu Korfus kleinen Schwestern ist in jedem Fall lohnenswert. Dabei umrundet man Páxos mit der faszinierenden Westküste, fährt zum Badestopp nach Antípaxos und steuert Gáios oder Lákka an.

Sehenswert

Gáios
| Ort |

Hauptort von Páxos ist das geschäftige Gáios, dessen hübscher Hafen durch vorgelagerte Inseln gerahmt wird und sich daher fotogen am Ufer eines natürlichen Kanals erstreckt. Die meisten Besucher lernen Gáios als Tagesausflügler kennen und verweilen hier nur wenige Stunden. Sie kommen mit Tragflügelbooten von Korfu-Stadt, die, wie einige große Ausflugsschiffe, am neuen Quai vor Gáios westl. des Ortskerns haltmachen. Direkt an der schönen Hafenmole legen dagegen die kleineren Ausflugsboote, Motorjachten, Segel- und Taxiboote an. Die gepflegten Häuser, Läden, Cafés und Tavernen haben sich hier im positiven Sinne verschworen, Patina und nostalgisches Hellas-Design zu erhalten. Alles was ein kleiner Ort braucht, ist in den Gassen rund um die rot gestriche-

Im Blickpunkt

Olivenhaine soweit das Auge reicht

Die Geschichte der Olivenwälder auf Korfu und Páxos geht auf die Venezianer zurück, die Mitte des 16. Jh. den Anbau durch eine Pflanzprämie unterstützten, um Venedig mit Olivenöl zu versorgen. Für die Korfioten, aber auch für Griechen in anderen Ecken des Landes, wurde Olivenöl zum bedeutendsten landwirtschaftlichen Erzeugnis. Heute ist Griechenland einer der drei wichtigsten Olivenölproduzenten und hat mit fast 15 l pro Jahr den größten Pro-Kopf-Verbrauch weltweit. Auf Páxos sollen bis ins 18. Jh. rund 300 000 Olivenbäume gepflanzt worden sein. Die Zahl der Bäume auf Korfu wird auf über 4 Mio. geschätzt! Dass die Bäume auf Korfu und Páxos höher sind als üblich, liegt daran, dass sie jahrhundertelang nicht beschnitten wurden. Deshalb werden die Oliven hier nicht direkt vom Baum gepflückt. Man wartet, bis sie reif sind und von selbst auf ausgebreitete Netze fallen.

ne Hauptkirche versammelt – vom Postamt bis zur Polizeistation und dem Scootervermieter. An der Hafenpromenade zeigt das Volkskundliche Museum (im Sommer tgl. 11–13 und 19–22 Uhr) ein altes Schlafzimmer, historische Schwarz Weiß-Fotos und Dokumente der kurzen deutschen Okkupation 1943/44. Ein Bronzedenkmal am südl. Ende der Mole erinnert gleich neben einer griechischen Fahne an den Freiheitskämpfer Geórgios Anemogiánnis, der es Anfang des 19. Jh. geschafft hatte, ein türkisches Kriegsschiff vor Gáios in Brand zu setzen. Gegenüber blickt man auf das dicht bewaldete, unbewohnte Minieiland Ágios Nikólaos und Reste einer 1423 entstandenen venezianischen Festung. Das nördl. dahinterliegende Inselchen Panagía fällt mit seiner von

einer weißen Mauer umgebenen Wallfahrtskirche ins Auge, die jährlich am 15. August Ziel einer feierlichen Bootsprozession ist.

 Magaziá

| Ort |

Das Binnendorf Magaziá ist für seine gemütlichen Lokale und ein uraltes kafenío bekannt. Nur selten geöffnet ist das in einer Ölmühle aus dem 18. Jh. eingerichtete Olivenölmuseum. In dem niedrigen Steinhaus sind neben einem alten Mühlstein die wichtigsten Werkzeuge für die Gewinnung des »gelben Goldes« zu sehen.

 Erimítis

| Aussichtspunkt |

Von Magaziá aus weisen Schilder den Weg zu den steil abfallenden Erimí-tis-Klippen, dem höchsten Punkt der Steilküste im Westen der Insel. Im Restaurant (siehe S. 104) hoch über dem Meer erfreuen sich nicht nur Romantiker tagtäglich am atemberaubenden Sonnenuntergang. Eingefleischte Badefans können über einen steilen Pfad (festes Schuhwerk!) in einer halben Stunde zum kiesigen, unterhalb der Klippen gelegenen Strand gleichen Namens absteigen. Verpflegung muss man sich selbst mitbringen!

 Loggós

| Ort |

Von Seglercrews gepriesen wird das schöne Loggós, dessen kleiner Hafen nur aus einem Dutzend Häuser mit Tavernen und Cafés besteht. Die kleine Bucht wird von der Ruine einer Seifenfabrik im Norden geprägt. Die alte

In dem hübschen Hafen von Gáios treffen sich im Sommer gern die Segler

Schule gegenüber dient im Sommer oft als Location für Konzerte. Wer rund um Loggós baden möchte, findet südl. die kleinen Kiesstrände Levrechio und Marmári. Besonders beliebt ist zudem 2 km südl. der touristisch unerschlossene, über einige Stufen erreichbare Kieselsteinstrand Kipiádi, der von Zypressen gesäumt wird.

 Lákka
| Ort |

Bei Seglern besonders beliebt ist das malerische Lákka an einer tief eingeschnittenen Bucht im Norden. Wie Gáios ist das hübsche Hafenörtchen zudem Ziel vieler Tagesausflügler, die hier auf ihrer Inselumrundung kurz Station machen. Zahlreiche Tavernen und Bars sorgen für reges dörfliches Leben. An den kleinen Kiesstränden der Bucht wird gern gebadet. Besonders idyllisch und belebt ist Lákka mit Anbruch der Dunkelheit, wenn viele Segelboote in die Bucht einlaufen und die Segler mit ihren Beibooten an der Mole vor den Cafés festmachen. Ein

ADAC *Spartipp*

Dass Páxos zu den exklusiveren Zielen der griechischen Inselwelt gehört und kein günstiges Pflaster ist, verdankt das Eiland europäischem Geldadel, der hier urlaubt. Spürbar ist das vor allem an den Preisen in Restaurants. Auf der Suche nach einem günstigen Mittagessen wird man an der Platía von Gáios fündig. Für den kleinen Geldbeutel gibt es in der Imbiss-Bude »O Gíros ton Paxón« typisch griechisches Fast Food wie etwa Gyros-Pita.

beliebter Strand in der Gegend ist der Manadéndri-Beach etwa 2,5 km südöstl., der mit großen weißen Kieselsteinen und zwei Beach-Bars für einen entspannten Badetag sorgt.

 Westküste
| Landschaft |

Die einzigartige Küstenszenerie mit den Meeresgrotten kann man nur per Boot entdecken. Angesteuert wird sie von Ausflugsbooten aus Korfu aber auch von Booten, die ab Gáios die Insel umrunden. Am meisten Spaß macht, für diejenigen die nicht nur einen Tagesausflug nach Páxos machen, eine Bootstour auf eigene Faust. Faszinierend sind unter anderem die großräumige Grotte Ypapánti, in der sich im Zweiten Weltkrieg ein griechisches U-Boot versteckt hielt, die wegen ihrer Lichteffekte auch als blaue Grotte bezeichnete Höhle Petríti mit der davor aus dem Meer ragenden Felsnadel Orthólithos und das fotogene Felstor Tripití im Süden.

 Mongoníssi
| Ort |

Über eine schöne Uferstichstraße und eine winzige Brücke zu erreichen ist 3,5 km südöstl. von Gáios das Eiland Mongoníssi mit kargen Ölbaumterrassen und dem einzigen (aufgeschütteten) Sandstrand, der von Booten angefahren wird. Wer das Inselchen über Land ansteuert, passiert auf dem Weg die Ruine einer frühchristlichen Basilika aus dem 6. Jh.

 Verkehrsmittel

Linienverbindung Passagierboote (Kamelia Lines) und Tragflügelboote (Joy Cruises) verbinden zwischen Mai

Páxos und Antípaxos

Páxos

Antípaxos

und Sept. mehrmals täglich und au-
ßerhalb der Saison mehrmals wö-
chentlich Korfu-Stadt mit Páxos.
■ Korfu-Stadt–Páxos: Kamelia Lines,
Büro Korfu: Xenofóntos 54, Korfu-Stadt,
Tel. 2661040372; Büro Páxos: Gáios,
Tel. 2662032131, www.kamelialines.gr,
einfache Fahrt 10,30 € (1 Std. 30 Min.); Joy
Cruises, Büro Korfu: Eth. Antistáseos 1,

Tel. 2661080444; Büro Páxos, Gáios,
Tel. 2662032245, corfu.joycruises.gr, einfache Fahrt 24 € (1 Std.)
Tagestouren In fast jedem Reisebüro
auf Korfu kann man Tagesausflüge
nach Páxos inklusive Badestopp auf
Antípaxos und Inselumrundung buchen. Allerdings verbringt man bei
diesen Ausflügen (ca. 9-18 Uhr, ab 30 €)

meist mehr Zeit auf dem Boot als an Land. ■ Buchbar z.B. bei Ionian Cruises Eth. Antistáseos 4, Korfu-Stadt, Tel. 2661 03 86 90, www.ionian-cruises.com

Inselbus Der kleine Inselbus verbindet viermal täglich zwischen 9.30 und 18.30 Uhr Gáios, Loggós und Lákka miteinander (einfache Fahrt Gáios-Lákka 3 €). Tickets gibt es im Bus.

Boote nach Antípaxos Ab Gáios fahren vormittags täglich Boottaxis in etwa 15 Min. zu den Stränden von Antípaxos. Nachmittags wird man wieder abgeholt.

 Restaurants

€ | Bournáos Das urige kafenío von 1953 ist eins der ältesten des Landes. Im schattigen Garten werden einfache, aber leckere mezédes z.B. zum Tresterschnaps tsípouro serviert. ■ Magaziá, Tel. 26 62 03 19 06

€€ | Dal Pescatore Ideal, um bei familiärer Atmosphäre, frischer Pasta und

leckeren Fischgerichten das Treiben auf dem Dorfplatz zu beobachten. ■ Gáios, Tel. 26 62 03 25 00

€€ | Niónios Volkstümliche Gaststätte auf der Platía mit typischer Hausmannskost. Aussuchen darf man hier noch aus den Töpfen. ■ Lákka, Tel. 26 62 03 13 15

€€€ | Erimítis Bar & Restaurant Der Top-Treffpunkt zum Sonnenuntergang, daher zum Essen unbedingt reservieren! Hoch über den Klippen werden in sehr stilvoller Atmosphäre moderne mediterrane Gerichte sowie hervorragende Cocktails serviert. ■ Magaziá, Tel. 69 77 75 34 99, www. erimitis.com

 Cafés

Averto Café-Restaurant mit Garten auf mehreren Ebenen, tagsüber mit Blick über die Olivenhaine aufs Meer und abends mit romantischer Stimmung. ■ Magaziá, Tel. 26 62 03 02 39

Am Voutoúmi-Beach schiebt sich Puderzuckersand sanft ins türkisfarbene Meer

Kaliméra In der alteingesessenen Café-Bar hinter der Platía geben sich die Insulaner und Stammgäste der Insel ein Stelldichein, sowohl vormittags als auch zum Drink am Abend. ■ Gáios, Tel. 26 62 03 23 18

Einkaufen

George Apergis Jewellery Stilvoller und moderner Silber- und Goldschmuck, vor Ort vom Schmuckdesigner gefertigt. ■ Lákka, www.george apergis.com

Kneipen, Bars und Clubs

(21) **Carnayo Gold** Herzlich geführte Beach-Bar mit gemütlichem Flair, kleiner, aber feiner Speisekarte und der besten Pizza weit und breit. Bestseller sind hier die Mojitos. ■ Mongoníssi, Tel. 26 62 03 26 50

Kinder

Tauchen Bei Páxos Oasi Sub (siehe rechts) dürfen Kinder ab acht Jahren die faszinierende Unterwasserwelt kennenlernen.

Erlebnisse

Motorboote In allen drei Küstenorten werden Boote mit bis zu 30 PS auch dann vermietet, wenn man nicht im Besitz eines Bootsführerscheins ist (ab ca. 60 €/Tag). ■ Für Fahrer, die über einen Führerschein verfügen, gibt es auch schnellere Boote mit mehr als 30 PS, die man z. B. bei Paxos Boat Hire (Spyros boats) in Loggós (Tel. 69 72 27 49 46, www.boathirepaxos.com) oder bei Water Escape in Gáios (Tel. 26 62 03 22 88, www. water-escape.com) mieten kann.

ADAC *Mobil*

Im Sommer ist die einfachste und schnellste Anreisemöglichkeit ein Bootsausflug von Sidári, Ágios Stéfanos Avlitón oder Acharávi, während ganzjährig die Schiffslinie Aspiótis (Tel. 26 61 36 52 00, www.aspiotislines.gr) von Ágios Stéfanos Avlitón und eine Autofähre von Korfu-Stadt die Inseln ansteuern. Die aktuellen Fahrpläne von Korfu-Stadt erfragt man am besten im Voraus beim Hafenamt (Tel. 26 61 04 55 51, www. corfuport.gr).

Sport

Páxos Oasi Sub Schnorchel- und Tauchausflüge für Anfänger und Fortgeschrittene sowie Kurse nach PADI. ■ Lákka, Tel. 26 62 30 03 95, www.paxos oasisub.com

In der Umgebung

(8) **Antípaxos**
| Insel |
(22) *Traumhafte Sandstrände mit absolutem Karibik-Flair*
Fast alle Bootstouren nach Páxos schließen einen Badestopp auf Antípaxos mit ein. Die rebenbestandene, kleine Insel südl. von Páxos, auf der nur noch im Sommer rund ein Dutzend Menschen leben, ist berühmt für das kristallklare, türkisblaue Meer und das Südseeflair an den Sandstränden Voutoúmi und Vríka. Die wenigen Tavernen öffnen nur tagsüber, wenn die Ausflugsdampfer, Taxiboote und gemieteten Motorboote zum Badeausflug vorbeikommen.

Wenn die Tagesausflügler weg sind, ist auf Ereíkoussa viel Platz für ruhige Momente

36 Diapontische Inseln

Unbekannte Eilande für Robinsonaden mit viel Ruhe und wenigen Einwohnern

Den Sonnenuntergangsblick von Afiónas auf die Diapontischen Inseln genießen viele, doch nur wenige Reisende finden Zeit, diesen Archipel zwischen Apulien und Korfu genauer zu erforschen. Dabei ist die Beschaulichkeit der von Hektik und Massen gänzlich unberührten Inseln mit ihren Olivenwäldern, Steilküsten und reizvollen einsamen Stränden eine besondere Attraktion. Sie sind ein ideales Ziel für ruhige Stunden, geruhsame Wanderungen und ungestörte Badefreuden. Heute leben auf Griechenlands nordwestlichstem Archipel etwa 400, zumeist ältere Menschen, die Jugend ist ausgewandert. Lediglich im Sommer erhöht sich die Zahl der Insulaner kurzfristig durch Jachtbesitzer und Tagesausflügler, die den Reiz dieser »anderen Welt« entdecken wollen. Wer länger bleiben möchte, sollte bei der Planung ein wenig Puffer um An- und Abreise einplanen. Das Wetter führt auch im Sommer schon mal zu Änderungen im Fährplan.

 Sehenswert

Othoní
| Insel |

Nur 43 Seemeilen von der apulischen Küste entfernt in der Straße von Otranto liegt Othoní, die mit gut 10 km² größte Diapontische Insel. Vom Hafenort Ámmos führen einsame Wanderwege vorbei an Zypressen, Oliven, Salbei und Alpenveilchen, Obstgärten und Weinreben in etwa einer Stunde zu den Ruinen von Chorió. Als schönste Strände gelten Fíki im Norden und die türkisblaue Kalypsó-Bucht, die nur per Boot zu erreichen ist – sie streitet mit Malta um die mythologische Ehre, die Heimat der Nymphe zu sein, die Odysseus verführte. Die etwa 100 m

lange und 20 m hohe Meeresgrotte der Bucht wird auch von den meisten Ausflugsbooten angesteuert. Wer hier übernachtet, sollte mit einem Fischerboot den herrlichen Strand Áspri Ámmos besuchen, dessen weißer Sand von schroffen Felsen und türkisblauem Wasser gesäumt wird.

Mathráki
| Insel |

Dicht bewaldet ist das nur 3,5 km² große Mathráki, das Ágios Stéfanos Avliotón auf Korfu am nächsten liegt und wegen seiner Sandstrände und als Schnorchelrevier beliebt ist. Für Übernachtungsgäste gibt es jedoch nur wenige Privatzimmer im winzigen Hafenörtchen Plákes. Die einzige Straße verbindet die piratensicher im Inselinneren liegenden Orte Káto und Áno Mathráki, dessen Taverne einen weiten Ausblick auf den kleinen Hafen und die Küste genießen lässt. Südl. davon erstreckt sich der 3 km lange, rotsandige Portélo-Strand.

Ereíkoussa
| Insel |

Wegen seiner geringen Entfernung zu Sidári am häufigsten von Ausflugsbooten angefahren wird die bewaldete, hügelige Insel Ereíkoussa – die nördlichste Insel des Landes und die zweitgrößte des kleinen Archipels. Hier gibt es auch eine Handvoll winziger Hotels, Tavernen und Zimmer. Beim Hafendorf Porto lockt ein feiner Sandstrand. Außerdem führt ein halbstündiger Spaziergang zum einsameren, sandigen Bragíni-Strand. Mastix, die im Herbst rosa-violett schimmernde Erikaheide, duftende Wildkräuter, Zypressen- und Olivenwälder laden zu Spaziergängen ein. Ein etwa 10 km langer Wanderweg führt einmal rund um die Insel. Vom 130 m hohen Hügel Santárdo hat man einen tollen Ausblick über die Insel.

Restaurants

€ | **Levante** Die freundlichen Besitzer servieren auf der schattigen Terrasse auf einer Anhöhe mit herrlichem Blick einfache griechische Küche zu guten Preisen und sind immer zum Plausch bereit.■ Oberhalb des Hafens, Mathráki, Tel. 26 63 07 89 09

€€ | **Eríkousa** Das Restaurant des gleichnamigen Hotels (siehe S. 119) sorgt für Leckereien aus dem Meer. ■ Porto, Ereíkoussa, Tel. 26 63 07 15 55, www.hotelerikousa.gr

€€ | **New York** In vierter Generation geführtes Restaurant am Meer. Serviert wird vor allem Hausmannskost wie Moussaká oder Sofríto in großen Portionen.■ Hafen, Othoní, Tel. 26 63 07 15 81

Saranda (Albanien)

Albaniens beliebtester Ferienort und archäologische Stätte in herrlicher Kulisse

Information

■ Ein Informationsbüro mit Souvenirgeschäft gibt es in einem kugelförmigen Bau an der Promenade östl. des Anlegers, www.sarandaweb.com

■ Unbedingt an den Pass oder Personalausweis denken! Außerdem: In Albanien gilt die Mitteleuropäische Zeit. Die Uhr muss bei der Überfahrt eine Stunde zurückgestellt werden.

Korfus Nordostküste liegt Albanien gegenüber, ein noch recht unbekann-

Mosaiken eines Baptisteriums in Butrint

tes Land, das bei der Reiseplanung bisweilen links liegen gelassen wird. Neugierige können Korfus Nachbar bei einem Tagesausflug kennenlernen. Personenfähren und Tragflügelboote aus Korfu-Stadt steuern das Küstenörtchen Saranda an. So werben zahlreiche Reisebüros mit geführten Tagesausflügen, die nach Saranda, zur archäologischen Stätte Butrint und manchmal auch zum Bergsee Syri i Kalter (»The Blue Eye«) führen. Saranda selbst wirkt mit den zahllosen neuen Hochhäusern auf den ersten Blick eher nicht sonderlich attraktiv. Auch wenn man südöstl. des Ortskerns hoch auf einem Hügel die Burg Lekursi aus dem 16. Jh. ausmachen kann und rund um das Hafenbecken mehrere kleine Strände liegen. Recht hübsch gestaltet ist die von Restaurants und Bars gesäumte Uferpromenade.

Sehenswert

Synagogen-Komplex
| Ruine |

Die eingezäunten Reste eines als Synagoge erbauten Komplexes zeugen davon, dass im 5. Jh. eine große jüdische Gemeinde in Saranda lebte. Im 6. Jh. wurde der Bau in eine Kirche umgewandelt. Heute sind noch einige Mosaiken zu sehen, mit denen die Böden geschmückt waren. Abgebildet waren z.B. Tiere oder der siebenarmige Leuchter Menora.

■ Rruga Skenderbeu/Ecke Rruga Flamurit

Kloster der 40 Märtyrer (Manastiri i 40 Shenjtorëve)
| Ruine |

Wer in Saránda (griechisch für vierzig) übernachtet, hat Zeit, zur Klosterruine zu fahren, der der Ort den Namen verdankt. Das im 6. Jh. gegründete Kloster wurde in den folgenden Jahrhunderten ständig ausgebaut und war eine wichtige Pilgerstätte. Gewidmet war es den 40 Märtyrern von Sebaste (heute Sivas in der Türkei), die hingerichtet wurden, weil sie sich zum Christentum bekannten. Bewohnt wurde der Klosterkomplex mit der 40 m langen und 20 m breiten Basilika bis ins 19. Jh. Herrlich ist der Blick über Saranda und das Meer hinüber nach Korfu.

■ Auf einem Hügel 4 km südöstl. des Hafens

Verkehrsmittel

Schiffe/Ausflugsboote Die Überfahrt nach Saranda vom neuen Fährhafen in Korfu-Stadt dauert mit den schnellen Tragflügelbooten 30 Min., einfache Fahrt 19 €, von Juli bis Mitte Sept. 23,80 €. Die Fahrt mit der Autofähre dauert 1 Std. 15 Min., kostet aber ebenso viel. ■ Aktuelle Fahrzeiten und Tickets: Ionian Seaways, Ethnikís Antistáseos 4, Korfu-Stadt, Tel. 26 61 03 86 90, www.ionianseaways.com

Taxi In Albanien ist Taxifahren vergleichsweise günstig, so kostet z. B. die Fahrt nach Butrint ca. 15 €. Unbedingt auch die Rückfahrt absprechen.

Mietwagen Wer flexibel sein möchte und den Tag in der Umgebung verbringen will, kann in Saranda ein Auto mieten (ab ca. 25 €/Tag).

 ## Restaurants

€ | **Rrapo** Urige, familiäre Taverne mit authentischem Essen wie Fleisch und Fisch vom Holzkohlegrill. ■ Rruga Ismail Qemali, Tel. +355/699 10 86 86

€€ | **Mare Nostrum** Moderne mediterrane Küche von Risotto über Steak bis hin zu Fisch in schönem Ambiente. ■ Jonianet 20, Tel. +355/85 22 43 42

 ## In der Umgebung

Butrint National Park
| Archäologische Stätte |

Die Ausgrabungsstätte des antiken Butrint, gegründet um 1200 v. Chr., liegt etwa 20 km südl. von Saranda. Auf der Fahrt dorthin passiert man den beliebten Ferienort Ksamil mit seinen Kies- und Steinstränden, die Landenge zwischen Ionischem Meer und dem See von Butrint sowie den Kanal von Vivar. Butrint ist seit 1992 UNESCO-Weltkulturerbe, war gut 2800 Jahre lang bewohnt und erlebte seine Glanzzeit während der römischen Epoche. Aus dieser Zeit stammen auch die teils recht gut erhaltenen Bauten, die sich auf einer bewaldeten Halbinsel mit Eichen und Eukalyptusbäumen vertei-

len. In der wildromantischen Landschaft mit Blick auf den See stehen ein römisches Theater, eine frühchristliche Basilika mit Baptisterium, Thermen, Stadtmauern und Tore. Im Museum auf dem Hügel sind die Funde aus der Ausgrabungsstätte zu sehen. Erreichbar ist Butrint von Saranda aus auch per Bus 100 Lek (0,80 €), stündlich zwischen 8.30 und 17.30 Uhr.

■ Tgl. 8 Uhr bis zum Sonnenuntergang, Museum 9–16 Uhr, 700 Lek (5,80 €), Tel. +355 69 226 69 69, www.butrint.al

Bergsee Syri i Kalter (The Blue Eye)
| Natur |

Gut 20 km nordöstl. von Saranda liegt im 180 ha großen Naturschutzgebiet inmitten von Eichen, Platanen und Kiefern die wasserreichste Quelle des Landes. Seinen Namen »Das blaue Auge« verdankt der Touristenmagnet dem je nach Lichteinfall in unzähligen Blau-, Grün-, Türkis- und Gelbtönen leuchtenden Bergsee mit dem sprudelnden Wasser einer ca. 50 m tiefen Karstquelle. Mutige können einen Sprung ins kalte Nass wagen – bei einer Wassertemperatur von rund zehn Grad ist das allerdings nichts für kälteempfindliche Menschen. Man erreicht den Park am besten per Mietwagen oder Taxi (ca. 10 €/einfache Fahrt).

■ tagsüber geöffnet, 100 Lek (0,80 €).

ADAC *Mobil*

Einen geführten Tagesausflug nach Saranda kann man bei Reiseveranstaltern auf Korfu buchen. Die Preise variieren je nach Arrangement zwischen 30 und 60 €. Anbieter ist z. B. Ionian Seaways (siehe oben).

38 Ioánnina

Ein Hauch von Orient in einer lebhaften Studentenstadt

Weithin sichtbar erhebt sich ein altes Minarett am See aus dem Kástro-Viertel

ℹ️ Information

- Travel Ioánnina (Städtische Touristeninformation), Moulaimídi 10, Tel. 26 51 03 70 17, www.travelioannina.com
- Griechische Zentrale für Fremdenverkehr (EOT), Dodónis 39, Tel. 26 51 04 88 66
- Parken siehe S. 114

Die Provinzhauptstadt Ioánnina erstreckt sich am westl. Ufer des Pamvótida-Sees. Nicht zu übersehen ist in der gemütlichen Studentenstadt mit ihren knapp 66 000 Einwohnern der osmanische Einfluss. Besonders in den alten Stadtteilen nah am See sind viele Gebäude aus dieser Zeit zu sehen. Spaziergänge führen rund um das Gewässer und lohnen auch auf der im See liegenden Insel. Unbedingt sollte man jedoch auch die Altstadt besuchen, das Viertel Kástro und das sich westl. anschließende alte Basarviertel, wo viele Läden traditionelles Kunsthandwerk anbieten. Ioánnina ist seit Jahrhunderten für die Silberschmiede bekannt. Gegründet wurde die geschäftige Stadt, die mit modern gestylten, aber gemütlichen Lokalen in historischen Bauten heute lockeres Flair versprüht, bereits im 6. Jh. Infolge des Vierten Kreuzzugs wurde als griechischer Nachfolgestaat das Despotat von Épirus gegründet. Ioánnina wurde dessen Hauptstadt. Die Osmanen kamen 1431 und blieben fast 500 Jahre.

Plan
S. 113

ADAC *Mobil*

Einen Ausflug nach Ioánnina kann man von Korfu aus nur auf eigene Faust unternehmen. Dazu geht es mit der Fähre von Korfu-Stadt oder Lefkímmi nach Igoumenítsa. Da die Überfahrt eines auf Korfu gemieteten Fahrzeugs extra Kosten verursacht (Genehmigung durch Vermieter erforderlich!) und auch die Fähre für das Auto kostet, mietet man sich besser ein Auto in Igoumenítsa oder fährt von dort mit dem Bus (1,5 Std.) weiter. Mit dem Auto dauert die Fahrt über die Egnatía Odós etwa 1 Std. (Mautgebühren 2,10 €). In Igoumenítsa sind mehrere Autovermieter ansässig.

Unter ihnen, genauer unter dem viel thematisierten Herrscher Ali Pascha (siehe S. 114), erlebte Ioánnina eine Glanzzeit. Griechisch ist die Stadt wieder seit 1913.

Sehenswert

Kástro
| Stadtteil |

Im alten Burgviertel Kástro, das sich auf einer quadratischen Halbinsel zwischen dicken Mauern erstreckt, fühlt man sich in eine andere Zeit versetzt. Gepflasterte Gassen, historische Bausubstanz und viele Blumen sorgen für reichlich fotogene Ecken. Ziel der Besucher ist die Akropolis Ic Kale mit der

herrlichen Aussicht über die Stadt und den See. Dort wo einst Ali Paschas Palast thronte, stehen ein paar Museen, ein Café, die Fetihe-Moschee und das Grab von Ali Pascha.

■Haupteingang: Platía Neomártira Agíou Georgíou

Städtisches Museum für Volkskunst
| Museum|

In der Aslan-Pascha-Moschee von 1618 mit ihrem weithin sichtbaren Minarett sind Gebetsnische und Kanzel erhalten. Die Exponate können mit den einst hier stark präsenten Religionen in Verbindung gebracht werden – christlich, muslimisch und jüdisch:

ADAC *Spartipp*

Archäologiefans, die außer dem Archäologischen und dem Byzantinischen Museum in Ioánnina auch Dodóna besuchen möchten, bekommen mit dem drei Tage lang gültigen Kombiticket für 8 € (erm. 4 €) drei Attraktionen zum Preis von zwei.

Porzellan, Gold und Silber, Schmuck und Trachten sowie Waffen aus dem 18.–20. Jh.

■ Al. Noútsou 8, Kástro, Tel. 26 51 02 63 56, tgl. 8.30–16.30 Uhr, 2 €, erm. 1 €

❸ Byzantinisches Museum
| Museum |

Im Byzantinischen Museum auf der Akropolis werden in sieben Sälen Keramik, Handwerkskunst und Münzen aus der frühchristlichen bis in die nachbyzantinische Zeit sowie seltene Ikonen, liturgische Geräte und Handschriften aus dem 14.–19. Jh. gezeigt.

■ Akropolis-Hügel, Kástro, Tel. 26 51 03 95 80, April–Okt. Di–So 8–18, Nov.–März Di–So 8.30–15.30 Uhr, 4 €, erm. 2 €

❹ Silberschmiedemuseum
| Museum |

Dass Ioánnina unter den Türken Zentrum für Kunst und Handwerk – vor allem der Silberschmiede – war, zeigt das Museum, wo einige der herausragenden Stücke und eine restaurierte Schmiede ausgestellt werden.

■ Akropolis-Hügel, Kástro, Tel. 26 51 06 40 65, März–15. Okt. Mi–Mo 10–18, 16. Okt.– Feb. 10–17 Uhr, 4 €, erm. 2 €

❺ Archäologisches Museum
| Museum |

Zahlreiche Funde aus archäologischen Stätten der Provinz Épirus berichten aus der Antike. Herausragend sind die Exponate aus dem antiken Dodóna und dem Totenorakel von Ephyra wie Bleitafeln mit Fragen an die Orakel sowie Bronzestatuetten.

■ 25is Martíou 6, www.amio.gr, Di–So 8–15 Uhr, 4 €, erm. 2 €

Filigrane Handwerkskunst in Form eines Sarkophags im Archäologischen Museum

Ioánnina

Nisí Ioanníon

Museum
Ali Pasa

Kloster Ntiliou
í Stratigópolou

Kloster
Profíti Ilia

Kloster
Metamórfosis
tou Sotíros

6 *Nisí*

Ioánnina

23

P a m v ó t i d a - S e e

Párko Plateía
Mavíli

Städtisches Museum
für Volkskunst

2

Oikía Passá
Kaloú

Dionísiou Filosófou

1 Kástro

Agíou
Anargyron

3 Byzantinisches
Museum

Polychoros
Agora

4

Anexartisias

Silberschmiede-
museum

24

Párko
Katsári

Papazoglou

Athanasíou Kríche

5

Archäologisches
Museum

Plateía
Dimokratías

0   500 m

---

6 **Pamvótida-See (Nisí)**

| Natur |

23 *Kurztrip zur geschichtsträchtigen
Insel, abseits der Hektik der Stadt*

Der etwa 20 km² große Pamvótida-See
ist eine der bekanntesten Attraktionen
der Stadt. Die Uferpromenade lädt zu
Spaziergängen ein, ein Inselchen nahe
dem Nordufer zum Ausflug. Das einfach Nisí (griech. für Insel) genannte
Eiland wird von rund 100 Familien bewohnt, die im einzigen Dorf leben und
oft noch traditionell von der Frosch-
zucht und dem Fischfang leben.
Froschschenkel sind auf Nisí kulinarische Spezialität. Erstmals wurde die
100 m lange und 500 m weite, von Zypressen und Pinien bedeckte Insel
wohl im 17. Jh. besiedelt. Spaziergänge
führen durch malerische Gassen mit
traditionellen Häusern und blumenreichen Gärten, zu acht (!) Klöstern und

über einen ca. 2,5 km langen Pfad einmal rund um die Insel. Im Kloster Ágios
Panteleímonas hat sich Ali Pascha
(siehe S. 114) vor den Osmanen versteckt, bis sie ihn fanden und töteten.
Die Einschusslöcher sind bis heute im
Ali Pascha Museum zu sehen. Dort
werden auch persönliche Dinge des
Paschas, die Originaltracht seiner letzten Frau »Kyrá Vassilikí« und andere
Objekte aus der osmanischen Zeit
ausgestellt (www.museumalipasha.gr,
tgl. 8–20 Uhr, 3 €, erm. 1 €).

Verkehrsmittel

Schiffe aus Korfu-Stadt fahren stünd-
lich, im Sommer halbstündlich nach
Igoumenítsa. Die Überfahrt mit der
Fähre (einfache Fahrt 11 €) dauert 1,5
Stunden. ■ Infos und Tickets bei den
Fährgesellschaften am neuen Hafen in

Im Blickpunkt

Ali Pascha: Der »Löwe von Ioánnina«

Ioánninas berühmt-berüchtigter Herrscher Ali Pascha tötete, raubte, terrorisierte und stellte Frauen nach. Die Lieblingsfrau seines Sohnes, die schöne Kyrá Frossíni, die sich ihm verweigerte, ließ er mit 17 weiteren Frauen im See ertränken. Muslimische Frauen, die sich mit Christen einließen, wurden mit dem Tod bestraft. Seine erste Ehefrau ermordete er, weil er sich in die Christin Vassilikí verliebte. Doch obwohl die Regierungszeit des Paschas als dunkelste Epoche der Stadt gilt, machte er sie zu einer der reichsten des Landes. Ioánnina und andere Teile der Region eroberte er in kürzester Zeit als Pascha von Tríkala, zu dem ihn der osmanische Sultan dank seiner Verdienste im Krieg gegen Russland und Österreich ernannte. Im Jahr 1788 machte er Ioánnina zur Hauptstadt seines Reichs, das den Osmanen zwar Tribut zollte, doch weitgehend unabhängig war. Voller Übermut wollte Ali Pascha aus der Region Épirus seinen eigenen Staat machen. Dazu unterstützte er die Griechen im Unabhängigkeitskampf. Sultan Mahmud II. schickte daraufhin eine Armee nach Ioánnina, um den Pascha zu töten. Dieser verbarrikadierte sich über ein Jahr lang in seiner Festung und flüchtete im Februar 1822 auf die Insel ins Kloster Ágios Panteleímonas. Dort wurde er schließlich getötet.

Korfu-Stadt und online unter www.kerkyralines.com, www.ionionlines.eu und www.corfuferries.gr.

Fähren von Lefkímmi fahren im Sommer mehrmals täglich nach Igoumenítsa. Die Überfahrt dauert 1 Std. (einfache Fahrt 5 €). ■ Lefkímmi Lines, Neuer Hafen Lefkímmi, Tel. 26 62 02 32 00, www.lefkimmilines.gr

Mietwagen (ab 30 €/Tag) gibt es am Hafen von Igoumenítsa bei lokalen Vermietern sowie bei Niederlassungen internationaler Mietwagenfirmen.

Busse fahren in 1,5 Std. mehrmals täglich von Igoumenítsa nach Ioánnina (10,60 €). ■ Busbahnhof Igoumenítsa (KTEL N. Thesprotías) Leofóros 49 Martíron, Igoumenítsa, Tel. 26 65 02 23 09, www.ktel-thesprotias.gr; Busbahnhof Ioánnina (KTEL Ioánnina) Leofóros Georgíou Papandréou 45, Tel. 26 51 02 50 14, www.ktelioannina.gr

Boote zur Insel Nisí starten an der Platía Mavíli zwischen 8 und 23 Uhr stündlich und im Sommer jede halbe Stunde. ■ Einfache Fahrt (10 Min.) 2 €, erm. 1,50 €.

 Parken

Nahe des Kástro-Viertels, aber auch stadteinwärts gibt es gebührenpflichtige Parkplätze – Tiefgaragen sowie unter freiem Himmel –, z.B. in der Par. Evaggelídi 14 (4 €/Tag).

 Restaurants

€ | Metsovikí Foliá Ideal für ein einfaches und authentisches Essen mit Fleisch vom Grill und typischen Vorspeisen. ■ Avérof 101, Tel. 26 51 02 20 33

€€ | Presveía Restaurant in einem historischen Haus mit charmantem Ambiente und moderner griechischer und mediterraner Küche. ■ Leofóros Karamanlí 17, Tel. 26 51 07 93 66

€€ | **Própodes** Schöner Blick auf den See. Serviert werden viele regionale Spezialitäten wie beispielsweise Aal und Flusskrebse. ■ Insel (neben dem Museum), Tel. 26 51 08 12 14

 Cafés

Chevalier Gemütliches Café im Burgviertel. Wer hier Pause macht, hat eine große Auswahl zwischen vielen Tees. ■ Palaiológou 2 (Kástro), Tel. 26 51 30 56 93

 Einkaufen

(24) **Móschos Silverfamily** Ein Geschäft mit 50-jähriger Familientradition. Die Besucher finden Silberschmuck für jeden Geschmack und andere Silberwaren wie Haushaltsgegenstände, Ikonen, Bilderrahmen und Deko-Objekte. ■ Avérof 65, www.silver family.gr

 In der Umgebung

Antikes Dodóna
| Archäologische Stätte |

Wer sich für die Archäologie interessiert, sollte einen Ausflug zum 22 km südwestl. gelegenen Dodóna machen, der ältesten Orakelstätte des Landes und einst bedeutendes Zeus-Heiligtum. Die ältesten Funde, ausgestellt im Archäologischen Museum von Ioánnina, stammen aus der Zeit um 2000 v. Chr. Zu sehen sind Grundmauern von Tempeln, eines Rathauses und Sitzreihen eines Stadions. Imposantester Bau ist das Theater aus dem 3. Jh. v. Chr. mit Platz für rund 18 000 Zuschauer. Eine große Bedeutung kam Dodóna als Orakelstätte zu. Pilger schrieben ihre Fragen auf Bleitafeln und gaben sie dem Priester, der sie dem Orakel vorlas und durch die rauschenden Blätter einer heiligen Eiche die Antwort bekam. Beschäftigt haben die Menschen damals wie heute The-

Fans der Archäologie sollten einen Ausflug zum Antiken Dodóna nicht versäumen

men wie Liebe, Familie, Glaube, Krankheit, Beruf oder auch der Krieg, mit Fragen wie »Ist das Kind tatsächlich von mir?«, »Werde ich nach dem Tod meines Mannes wieder heiraten?« oder »Soll ich meine Schulden jetzt oder später tilgen?«. Gefunden wurden über 4000 Inschriften in diversen Dialekten aus dem 6.–3. Jh. v. Chr.

■ Dodóni, Tel. 26 51 08 22 87, Mitte April–Sept. tgl. 8–20, Okt.–Mitte April tgl. 8.30–15.30 Uhr, 4 €, erm. 2 €

39 Párga

Malerischer Ort mit vorgelagertem Eiland und Stränden zu Füßen einer Burg

Die meisten Urlauber kommen im Rahmen einer organisierten Tagestour in den quirligen Ferienort auf dem griechischen Festland. Wer will, kann das Küstenstädtchen mit Hotels, Restaurants und Souvenirläden vor der Kulisse eines olivenbewachsenen Berges aber auch selbst über Igoumenítsa

ADAC Mobil

Párga wird im Rahmen von Tagestouren angesteuert, die man in vielen Reisebüros buchen kann, meistens in Kombination mit Páxos (siehe S. 98), Sívota (siehe S. 117) oder beidem (ab ca. 30 €).

ansteuern. Mit den bunten Häusern, die den Hang hinter der Promenade emporklettern, Gärten mit Bougainvilleen und Hibisken, dem vorgelagerten Inselchen und der über alles wachenden Festung gilt Párga als einer der schönsten Urlaubsorte auf dem griechischen Festland und ist auch bei Griechen sehr beliebt. Wer nicht nur zum Tagesausflug kommt, kann in und rund um Párga mehrere Strände entdecken, sich auf kulinarische Highlights in vielen Fischtavernen freuen und interessante Ausflüge unternehmen, z.B. nach Ioánnina, Dodóna oder zum Fluss Ácheron.

Die kunterbunten Häuser klettern in der Bucht von Párga den Hang hinauf

Sehenswert

Kástro

| Ruine |

Die wildromantische Burgruine von 1624 thront markant auf der Landzunge im Westen und bietet auch vom dortigen Café einen tollen Blick auf die Bucht von Párga und die Nachbarbucht Chrisogiáli. Erbaut wurde die tagsüber frei zugängliche Burg an der Stelle eines Vorgängerbaus, der Párga bereits im 15. Jh. schützte. Über dem Eingang ist bis heute gut der Markuslöwe, das Wahrzeichen Venedigs, erkennbar. Für den mühseligen Aufstieg durch die steilen Altstadtgässchen wird man nicht nur mit der Aussicht, sondern auch mit Schatten unter großen Zypressen und Kiefern zwischen alten Kanonen belohnt.

Insel Panagía

| Natur |

Das Eiland Panagía kann man in etwa 15 Minuten schwimmend, aber auch mit Tretbooten erreichen. Weithin sichtbar ist die kleine Kirche mit dem Glockenbau. Auch stehen auf dem grünen Felsinselchen die Ruinen einer winzigen Burg, die 1808 von den Franzosen erbaut wurde.

Párgas Wahrzeichen: die Insel Panagía

Restaurants

€ | **Sinántisi** Traditionelles kafenío mit wenigen Tischen und herzlicher Atmosphäre, in dem heute wie früher zu jeder Runde Getränke ein paar mezédes serviert werden. ■ Pigí Themistoklí 18, Tel. 26 84 03 14 31

€€ | **Baros** Serviert werden hier moderne mediterrane Gerichte – sowohl auf der Terrasse mit Blick auf das Geschehen auf der Promenade, als auch im stilvollen Innenbereich in der ersten Etage. ■ Grigoríou Lambráki 16, Tel. 69 45 15 75 39

40 Sívota

Exotisch anmutende Strände an einem grünen fjordartigen Küstenabschnitt

Dank zahlreicher fotogener und gut geschützter Buchten ist Sívota bei Badegästen und Seglern gleichermaßen beliebt. In den natürlichen Hafen laufen jeden Sommer unzählige Segelboote und Motorjachten ein. Der Ort selbst liegt mit seinen vielen neuen Hotels eingebettet zwischen Oliven- und Feigenbäumen. Die wichtigsten Attraktionen der zerstreuten Feriensiedlung und daher auch Ziel der Ausflugsboote aus Korfu sind die postkartenreifen Strände der zerklüfteten Küste und die vorgelagerten grünen Inseln, vor denen 431 v. Chr. eine Schlacht zwischen Korfioten und Korinthern den Peloponnesischen Krieg einleitete. Von den vier tiefgrünen Inselchen, die mit Landzungen und Meeresgrotten einst Piraten hervorragend Schutz boten, gelten Megálo Mourteméno und Ágios Nikólaos als die schönsten. Erstere ist über eine Sandbank mit dem Festland verbunden. Der dort flach abfallende Strand Bella Vráka ist mit den fast bis ans Meer wachsenden Bäumen und Wasser in Türkistönen einer der schönsten der Gegend. Exotisch mutet auch die »Blaue Lagune« auf der Insel Moúrtos an. Sie ist Ziel der meisten Ausflugsboote. Warum dieser Strand den Beinamen Pisína (griech. für Pool) trägt, liegt auf der Hand: Dem kristallklaren, in allen Blautönen glänzenden Wasser vor hellem Kies und dem tiefgrünen Hügel im Hintergrund kann kaum jemand widerstehen.

 Verkehrsmittel

Ausflugsboote fahren im Sommer mehrmals wöchentlich sowohl von Korfu-Stadt als auch von Lefkímmi bzw. Kávos nach Sívota inkl. »Blauer Lagune«, manchmal auch nach Párga (siehe S. 116). Buchen kann man in vielen Reisebüros und z.B. bei www. corfutouristservices.gr.

 Restaurants

€€ | **The Blue Coast** Gemütliches Flair mit Blick auf die vor Anker liegenden Boote. Mezédes, Fisch und Fleisch schmecken hier gleichermaßen gut. ■ Nördl. Teil der Promenade, Tel. 26 65 09 33 74

 Cafés

Melénio Leckeres hausgemachtes Eis, wechselnde Geschmacksrichtungen, und Waffeln. ■ Straße zwischen den beiden Plätzen, Tel. 26 65 09 36 62

Meeresarme wie in Norwegen: Sívota wird gern auch der »Ionische Fjord« genannt

Übernachten

Wer die üblichen Tagesausflugsziele genauer unter die Lupe nehmen möchte, sollte auf den Inseln, auf dem griechischen Festland oder in Albanien Übernachtungen mit einplanen. Während die Unterkünfte auf Páxos – vorwiegend Villen, Ferienhäuser und -wohnungen – exklusiver und oft über lokale Reisebüros buchbar sind, wohnt man in den wenigen Unterkünften der Diapontischen Inseln eher urig und einfach. In Sívota, Párga und Ioánnina findet man hingegen Hotels nach jedem Geschmack und für jeden Geldbeutel. Ioánnina erwartet Besucher zudem mit modernen Stadt- und romantischen Boutiquehotels.

Páxos 98

(25) **€€€ | Paxos Magic Holidays** Das engagierte Team hat ein breites Angebot an tollen Unterkünften auf der ganzen Insel im Programm – egal, ob Apartment oder Villa, mit oder ohne Pool, einfach oder luxuriös, mit Meerblick oder im Olivenhain. ■ Büro in Gáios in einer Gasse hinter der Platía, Tel. 26 62 03 22 69, www.paxosmagic. com

€€€ | Torri e Merli Venezianisches Herrenhaus aus dem 17. Jh. im uralten Olivenwald, das zum luxuriösen und romantischen Boutiquehotel mit sieben Suiten verwandelt wurde. ■ 1 km südl. von Lákka, Tel. 26 21 23 41 23, www. torriemerli.com

Diapontische Inseln 106

€ | Calypso Einfache, geräumige Studios, auch mit Platz für vier Personen, in Hafen- und Strandnähe, sehr freundlich geführt. ■ Othoní, Ámmos, Tel. 26 63 07 21 62, www.othonoi.gr

€ | Corfu Paradise Familienbetrieb, bestehend aus kleinem Hotel mit einfachen Zimmern – auch für drei oder vier Personen –, nur 10 m vom Strand entfernt. ■ Mathráki, Südostzipfel, Tel. 26 63 07 21 08, www.corfuparadise. com

€ | Erikousa 20 kürzlich renovierte Zimmer zum Ausspannen und Wohlfühlen, gutes angeschlossenes Restaurant und Hilfe bei der Freizeitgestaltung. ■ Erikoússa, Pórto, Tel. 26 63 07 15 55, www.hotelerikousa.gr

€€€ | Acantha Boutique Hotel Das schickste Hotel des Mini-Archipels hat Loungeatmosphäre und zählt in fünf hellen Zimmern am Strand viele italienische Stammgäste. ■ Erikoússa, Pórto, Tel. 34 59 51 98 54, www.acantha hotel.com

Saranda (Albanien) 107

€ | Ari Tolle Lage direkt an der Uferpromenade, zuvorkommender Service und gut ausgestattete, wenn auch kleine Zimmer mit modernen Bädern. ■ Rruga Jonianet 20, Tel. +35 56 93 65 64 03

€ | Kristina Suites Geräumige Zimmer mit Balkonen und Hafenblick, geführt von besonders hilfsbereiten Eigentümern. In der Hochsaison Mindestaufenthalt vier Nächte. ■ Rruga e Flamurit, Tel. +35 56 95 13 31 54,

Ioánnina

€€ | **Metropolis** 1934 eröffnetes und heute in dritter Generation geführtes 5-Sterne-Hotel unter Denkmalschutz, eingerichtet im klassizistischen Stil mit modernem Komfort. ■ Avérof 33, Tel. 26 51 03 00 04, www.metropolishotel.gr

€€ | **SAZ City Life** Stadthotel mit auffälligem Lichtdesign und 23 modernen Zimmern mit Stadt- oder Seeblick und orthopädischen Matratzen. Vielfältiges Frühstück. ■ 28is Oktovríou 7, Tel. 26 5107 88 88, www.saz-hotel.com

Párga

€€ | **Acrothéa** Hinter den Mauern des auffälligen roten Gebäudes im neoklassizistischen Stil gleich hinter der Uferpromenade warten 19 geschmackvoll eingerichtete Zimmer. ■ Agías Marínas, Tel. 26 84 03 24 42, www.acrotheahotel.com

€€ | **Valtos Beach** 4-Sterne-Hotel mit Pool und modernen Zimmern am Váltos-Strand. Familienfreundlich. ■ Chrisogiáli (1,5 km westl. von Párga), Tel. 26 84 03 10 05, www.valtosbeach.gr

Sívota

€ | **Oriána** Zentral gelegenes, kleines Hotel mit sehr gutem Preis-Leistungs-Verhältnis. Geräumige Zimmern mit Küchenzeile. ■ Hauptplatz, Tel. 26 65 09 35 20, www.hoteloriana.com

€€ | **Sivota Gold** Eines der wenigen Hotels des Orts, das direkt am Strand liegt, familienfreundlich mit Studios und Apartments. ■ Zéri-Strand (ca. 1 km nördl. des Ortskerns), Tel. 26 65 09 30 06, www.sivotagold.gr

€€€ | **Domotel Ágios Nikólaos** Wunderschön im Grünen auf einer Landzunge über dem Strand gelegenes 5-Sterne-Haus. Zimmer auch mit privatem Pool. Toller Blick auf die Inseln. ■ Etwa 1 km südl. des Ortskerns, Tel. 26 65 09 30 17, www.domotel.gr

ADAC *Das besondere Hotel*

Auf der Suche nach einer geschmackvoll gestalteten Unterkunft, in der die Tradition hervorragend mit der Moderne kombiniert wird, ist man im Boutique-Hotel **Its Kale** in Ioánnina genau richtig. Zeitgemäße Annehmlichkeiten sowie edles und gemütliches Ambiente treffen in zentraler und dennoch ruhiger Lage im Kástro-Viertel auf ein mit viel Liebe zum Detail restauriertes und herzlich geführtes altes Steinhaus. Abgerundet wird der Aufenthalt durch ein hervorragendes Frühstück mit lokalen Spezialitäten.

€–€€ | Androníkou Palaiológou 64, Ioánnina, Tel. 26 51 03 27 77, itskale-hotel.gr

Beim **ADAC Infoservice**, in den **ADAC Geschäftsstellen** sowie auf dem **Internetportal des ADAC** (adac.de) erhalten Sie Informationen zu den Dienstleistungen des Automobilclubs und zu Ihrem Reiseziel. Als **ADAC Mitglied** können Sie zudem das kostenlose **ADAC TourSet® Korfu, Ionische Inseln** anfordern oder die **TourSet App** auf dem **Smartphone** oder **Tablet-PC** installieren (adac.de/toursetapp).

Rufen Sie bei Notfällen und Pannen den **ADAC Notruf** bzw. den **ADAC Auslandsnotruf** an. Unser Team steht Ihnen rund um die Uhr zur Verfügung.

ADAC Infoservice
Tel. 0 800/510 11 12
Infos zu allen ADAC Leistungen
(Mo–Sa 8–20 Uhr, gebührenfrei)

ADAC Notruf Deutschland
Tel. 0 180/222 22 22
(24 Std., ca. 6 ct/Anruf, max. 42 ct/Min.
aus deutschem Mobilfunknetz)

ADAC Notruf Mobil-Kurzwahl
Tel. 22 22 22
(Gebühren variieren je nach
Netzbetreiber)

ADAC Auslandsnotruf
Tel. +49/89/22 22 22
(Gebühren variieren je nach
Netzbetreiber und Land)

Internet-Serviceangebote des ADAC für Ihre Reiseplanung

Service	Webadresse
Aktuelle Verkehrslage	adac.de/verkehr
ADAC Routenplaner	adac.de/maps
Infos zu Tankstellen und Spritpreisen	adac.de/tanken
Infos zu mautpflichtigen Strecken	adac.de/maut
Infos zu Fährverbindungen	adac.de/faehren
ADAC TourMail (Aktuelle Infos vor Anreise)	adac.de/tourmail
Informationen für Camper	adac.de/camping
Informationen für Motorradfahrer	adac.de/motorrad
Informationen für Segler und Skipper	adac.de/sportschifffahrt
ADAC Reiseangebote	adacreisen.de
ADAC Autovermietung	adac.de/autovermietung
ADAC Versicherungen für den Urlaub	adac.de/versicherungen
Weltweite Preisvorteile für ADAC Mitglieder	adac.de/vorteile-international

Diese **Produkte des ADAC** könnten Sie interessieren: **ADAC Reiseführer Kreta, ADAC Reiseführer Rhodos** und **ADAC Reiseführer Venedig** – erhältlich im Buchhandel, bei den ADAC Geschäftsstellen und in unserem ADAC Online-Shop (adac.de/shop).

Anreise und Einreise

Auto und Autofähre

Autoreisende sollten sich beim ADAC über die Mautgebühren in den Transitländern erkundigen. Am einfachsten ist es, sich in einem italienischen Adriahafen direkt nach **Korfu** oder **Igoumenítsa** auf dem Festland einzuschiffen. Von **Igoumenítsa** gibt es täglich Fähren nach **Korfu** und **Páxos**. Direkte Fährverbindungen nach **Korfu** bestehen im Sommer von **Venedig** und **Bari** aus. Von Korfu gibt es täglich Direktverbindungen nach **Páxos** (Autofähre nur über **Igoumenítsa**). Die südl. Ionischen Inseln (**Lefkáda, Ithaka, Kefaloniá und Zákynthos**) wurden 2018 durch die Fähre Azimut von **Korfu** aus angesteuert. Informationen darüber, ob diese Verbindung aktuell besteht, gibt es bei Joy Cruises, Ethnikís Antistáseos 1, Korfu-Stadt, Tel. 2661 049800,

Fähren Italien – Griechenland

■ Anek Lines, Tel. 2104197470, www. anek.gr, auch als App in den Appstores von Apple und Google. Fährverbindung von Ancona, Bari und Venedig nach Igoumenítsa und Korfu.
■ Minoan Lines, Tel. 281039980 0, www. minoan.gr, auch als App in den Appstores von Apple und Google. Fährverbindung von Ancona und Venedig direkt nach Korfu und über Igoumenítsa.
■ Superfast Ferries, Tel. 26610812 22 (Korfu), Tel. 26650281 50 (Igoumenítsa), www.superfast.com, auch als App in den Appstores von Apple und Google. Fährverbindung im Sommer von Ancona und Bari nach Korfu. Von Ancona, Bari und Venedig ganzjährig nach Igoumenítsa.

Fähren Igoumenítsa – Korfu/Páxos

■ Ionion Lines Corfu Ferries, Tel. 26610 1808 (Korfu), Tel. 26650259 08 (Igoume-nítsa), www.ionionlines.eu. Fährverbindung von Igoumenítsa nach Korfu und Páxos.

Bus

Die Deutsche Touring GmbH (Eurolines) fährt einmal wöchentlich von verschiedenen deutschen Städten über Österreich und Italien nach **Igoumenítsa**, die Fähre zum griechischen Festland ist jedoch nicht im Fahrpreis enthalten. Die Strecke etwa von **München** nach **Igoumenítsa** dauert rund 29 Stunden. Von **Igoumenitsa** bestehen Fährverbindungen nach **Korfu**.
■ Deutsche Touring, Deutschland (auch für Österreich zuständig), Am Römerhof 17, 60486 Frankfurt am Main, Tel. +4969 971944833, www.eurolines.de
■ Eurolines Schweiz, Schweiz, Rue du Mont Blanc 14, Genf, Tel. +41844257224, www.eurolines.ch

Flugzeug

Der Flughafen »**Ioannis Kapodistrias**« auf **Korfu** wird im Sommerhalbjahr (April–Okt.) regelmäßig durch Charterfluggesellschaften von zahlreichen deutschen, österreichischen und Schweizer Flughäfen aus angesteuert. Ganzjährig fliegen von **Athen** außerdem Linienflüge von Olympic Air und Sky Express nach **Korfu**. Die Flugdauer beträgt von Deutschland aus rund 2,5 Std.
Busse (Linie 15) verbinden mehrmals täglich den Flughafen mit Korfu-Stadt (Platía San Rocco), dem Fährhafen und dem Busbahnhof, von wo aus die Überlandbusse starten (einfache Fahrt 1,70 €). Corfu City Bus, www. astikoktelkerkyras.gr
■ Flughafen Korfu Ioannis Kapodistrias, am Stadtrand auf der Halbinsel Análipsi, www.cfu-airport.gr

Einreise und Dokumente

Deutsche, Österreicher und Schweizer benötigen zur Einreise nach Griechenland einen gültigen Personalausweis oder Reisepass. Alleinreisende Minderjährige brauchen eine amtlich beglaubigte Einverständniserklärung der Eltern, Kinder einen Kinderausweis, Kinderreisepass, Personalausweis oder Reisepass.

Auto und Straßenverkehr

Führerschein und Papiere

Nötig sind Führerschein und Zulassungsbescheinigung Teil 1. Die Internationale Grüne Versicherungskarte ist sehr zu empfehlen, ebenso Kurzkasko- und Insassenunfallversicherung.

Straßennetz und Sicherheit

Das Straßennetz von Korfu ist relativ gut ausgebaut. Oft sind die Straßen jedoch recht schmal und kurvenreich. Aufpassen muss man besonders aufgrund von Schlaglöchern und unzureichend abgesicherter Baustellen, aber auch wegen des Fahrverhaltens einiger Griechen und mittig fahrender Briten. Um schnelleren Fahrern die Möglichkeit zum Überholen zu geben, wird von Fahrzeugen auch der Standstreifen ganz rechts genutzt.

Besondere Verkehrsbestimmungen

Tempolimits in km/h: innerorts 50, Motorrad 40. Außerhalb geschlossener Ortschaften Pkw und Wohnmobil 90 bzw. 110 (Ausschilderung), Gespann 80, Motorrad 70. Auf Autobahnen Pkw und Wohnmobil 130, Gespann 80, Motorrad 90.

Promillegrenze: 0,5. Für Motorradfahrer und Personen, die den Führerschein noch keine zwei Jahre besitzen, gilt 0,2.

Von Deutschland abweichende Bestimmungen: Im Kreisverkehr haben einfahrende Fahrzeuge Vorfahrt, wenn nicht ein Verkehrszeichen die Situation anders regelt. Gelb markierte Straßenränder bedeuten Parkverbot. Am Pkw darf tagsüber das Abblendlicht nicht eingeschaltet sein. Ausnahmen gelten bei schlechten Sichtverhältnissen und für Fahrzeuge mit automatischem Tagfahrlicht. Für alle in Griechenland zugelassenen Fahrzeuge ist die Mitnahme eines Feuerlöschers vorgeschrieben. Die Verkehrsschilder in Griechenland entsprechen bis auf wenige Ausnahmen denen in Deutschland. Das weiß-gelbe Vorfahrtschild ist kaum anzutreffen. Ein Stoppschild weist den anderen Verkehrsteilnehmer an einer Kreuzung darauf hin, dass Sie Vorfahrt haben. Stoppschilder ersetzen fast immer auch unser dreieckiges Schild für »Vorfahrt gewähren«.

Es ist untersagt, in einem Fahrzeug zu rauchen, in dem sich minderjährige Personen unter 12 Jahren befinden.

Die Bußgelder für Missachtung der Straßenverkehrsordnung sind drastisch: Fahren ohne Sicherheitsgurt oder ohne Helm kostet 350 €, Missachtung roter Ampeln/Stoppschilder 700 € und Telefonieren während der Fahrt 100 €.

Unfall

Unfälle müssen sofort bei der Polizei und beim Mietwagen-Vermieter gemeldet werden. Bei Unfällen mit geringen Sachschäden veranlasst die Polizei meist nur den Austausch der Personalien der Beteiligten. Ein Unfallprotokoll wird bei geringen Sachschäden in der Regel nicht aufgenommen. Ob der Auto-Vermieter ein solches jedoch braucht, erfragt man vor Ort.

 Barrierefreies Reisen

Zumindest in Hotels verändert sich im Hinblick auf barrierefreies Reisen in den letzten Jahren einiges langsam zum Positiven. Immer öfter kann man behindertengerechte Zimmer buchen. Auch Restaurants sind manchmal auf Rollstuhlfahrer eingerichtet und barrierefrei zugänglich. Museen und archäologische Stätten sind jedoch meist sehr schlecht oder nur zum Teil zugänglich. Auf Korfu sind 21 Strände durch Amphibienrollstühle oder Rampen auch barrierefrei, z.B. Benítses, Moraïtika, Marathiás, Dassiá, Ípsos, Kassiópi, Róda, Ágios Stéfanos Avlóiton, Sidári, Aríllas oder Paleokastrítsa.

 Diplomatische Vertretungen

Deutsches Honorarkonsulat
■ Kapodistríou 23, 49100 Korfu-Stadt, Tel. 26 61 03 68 16, korfu@hk-diplo.de

Schweizer Honorarkonsulat (auch für Österreich zuständig)
■ Leofóros Dimokratías 3, 49100 Korfu-Stadt, Tel. 26 61 05 67 98, korfu@honrep.ch

Deutsche Botschaft Athen
■ Karaóli Dimitríou 3, 10675 Athen, Tel. 21 07 28 51 11, in Notfällen Tel. 69 32 33 81 53 (mobil), www.griechenland.diplo.de

Österreichische Botschaft
■ Vasilíssis Sofías 4, 10674 Athen, Tel. 21 07 25 72 70, www.bmeia.gv.at/oeb-athen/

Schweizer Botschaft
■ Iassíou 2, 11521 Athen, Tel. 21 07 23 03 64, www.eda.admin.ch

 Feiertage

Rosenmontag, Ostern und Pfingsten werden in Griechenland nach dem julianischen Kalender statt wie bei uns nach dem gregorianischen Kalender gefeiert. So kann Ostern in Griechenland bis zu fünf Wochen später stattfinden als in Deutschland.
Neujahr (1. Jan.), Epiphanias (Taufe Christi, 6. Jan.), Rosenmontag (2. März 2020, 15. März 2021), Unabhängigkeitstag (25. März), Ostern (Karfreitag bis Ostermontag, 17.–20. April 2020, 30. April–3. Mai 2021), Tag der Arbeit (1. Mai, bewegl. Feiertag), Vereinigung der Ionischen Inseln mit Griechenland (21. Mai), Pfingsten (7./8. Juni 2020, 20./21.6 Juni 2021), Mariä Entschlafung (15. Aug.), Nationalfeiertag (28. Okt.), Weihnachten (25./26. Dez.)

 Geld und Währung

Griechenland ist Mitglied der Europäischen Währungsunion, Währung ist der **Euro**. Die Centmünzen werden leptá genannt. Gängige **Kreditkarten** und **Maestro-Karten** werden in Banken, Hotels, Tankstellen sowie in Geschäften und Restaurants generell akzeptiert. Seit Sept. 2017 sind sie dort auch Pflicht.
Vor allem auf dem Land und auf den kleinen Inseln sollte man dennoch **Bargeld** dabei haben. An **Geldautomaten**, die es in den meisten größeren Ortschaften gibt, kann man rund um die Uhr Geld abheben. Die allgemeine deutsche Sperrnummer bei Kartenverlust: Tel. +49 11 61 16.

Kosten im Urlaub

(durchschnittliches Preisniveau)

Kaffee	2,50–4 €
Softdrinks	2–4 €
Glas Bier	ca. 3 €
Gyros Píta (Imbiss)	ca. 3 €
1 Liter Benzin	1,50–1,70 €
Mietwagen / Tag	ab 25 €

 Gesundheit

Die **Europäische Krankenversicherungskarte** ist in die übliche Versicherungskarte integriert, gilt während eines vorübergehenden Aufenthalts im EU-Ausland und gewährt den Zugang zu einer **medizinischen Grundversorgung**. In staatlichen Krankenhäusern, Gesundheitszentren (ESY, National Health Center) und Erste-Hilfe-Stationen kann man sich damit zumindest theoretisch kostenlos behandeln lassen. In Notfällen klappt das meist problemlos. In privaten Krankenhäusern oder bei privaten Ärzten zahlt man immer selbst. Sicherheitshalber empfiehlt sich jedoch der Abschluss (wie z.B. beim ADAC) einer zusätzlichen **Auslandskrankenversicherung mit Rückholservice**.

Apotheken (farmakío) sind am grünen Kreuz erkennbar und gut ausgestattet. Es werden jedoch nicht alle deutschen Medikamente geführt. Standardmedikamente wie Aspirin, Salben und Antibiotika sind oft günstiger als bei uns, und die Rezeptpflicht ist lockerer. Aushänge im Fenster informieren über Notdienste.

 Haustiere

Für Hunde und Katzen müssen im EU-Heimtierausweis die Kennzeichnung des Tieres durch Mikrochip und eine gültige Tollwutimpfung (Erstimpfung mindestens 21 Tage vor Grenzübertritt) eingetragen sein.

 Information

Die offiziellen Auslandsvertretungen der Griechischen Zentrale für Fremdenverkehr (EOT, www.visitgreece.gr) geben Ihnen weitere Infos für die Reisevorbereitung.

Deutschland

◼ Holzgraben 31, D-60313 Frankfurt/ Main, Tel. +49 69 2 57 82 70, www.visit greece.com.de

Österreich

◼ Opernring 8, A-1010 Wien, Tel. 01 512 53 17, info@visitgreece.at

Schweiz

◼ Die Büros in Deutschland und Österreich sind auch für die Schweiz zuständig.

Vor Ort gibt es Informationen in Reisebüros. Ein neues Büro der Griechischen Zentrale für Fremdenverkehr in Korfu-Stadt ist geplant.

 Klima und Reisezeit

Die Monate Mai und Juni, wenn es schon warm ist, Korfu aber noch in voller Blütenpracht steht, sowie Sept. und Okt. sind die besten Termine für Urlauber, die ausgiebig auf Erkundungstour gehen, wandern oder Fahrrad fahren wollen.

In den heißen Sommermonaten Juli und besonders Aug., wenn allenfalls der Nordwestwind Maestro die Glut mildert, ist Hochsaison. Unzählige Italiener und die Festlandsgriechen strö men dann nach Korfu, die Hotelpreise steigen deutlich an. Nov. bis April gehört Korfu den Einheimischen – und Individualisten, die sich nicht an den häufigen Winterregen stören. Viele Hotels und Restaurants außerhalb der Stadt bleiben dann geschlossen, und die sommerlichen Tourismushochburgen verwandeln sich in Geisterstädte.

Klimadaten Korfu

Monat	Luft (°C) (min./max.)	Sonne (h/Tag)	Regentage	Wasser (°C)
Jan.	5/14	4	11	14
Feb.	6/14	4	11	14
März	7/16	5	9	14
April	9/19	7	7	16
Mai	13/24	9	4	18
Juni	16/28	11	2	21
Juli	18/31	12	1	23
Aug.	19/31	11	2	24
Sept.	16/28	9	4	23
Okt.	13/23	6	8	21
Nov.	10/19	5	11	18
Dez.	7/15	4	13	16

Nachtleben

Korfu ist außerhalb der Inselmetropole nicht sonderlich für ausschweifendes Nachtleben bekannt. In **Korfu-Stadt** gibt es allerdings sowohl im Sommer als auch im Winter zahlreiche Ausgehmöglichkeiten für jeden Geschmack. Einheimische und ausländische Nachtschwärmer treffen sich in den stylischen Bars der Altstadt. Junge Leute zieht es in die Clubs nahe des Fährhafens im Viertel **Mantoúki**. Im Sommer finden in Korfu-Stadt außer-

dem viele **Events** wie klassische Konzerte, Theater- und Tanzaufführungen statt – oft unter freiem Himmel. Viele junge Urlauber kommen in den Bars und Clubs in den Urlaubsorten – insbesondere in **Ípsos** und **Kávos** – auf ihre Kosten. Familiärer geht es auf den vielen **Folklorefesten** »panijíria« in den Dörfern zu. Folkloristische Abende finden außerdem in vielen Tavernen und größeren Hotels statt. Auf **Páxos** und den Diapontischen Inseln sind Partyfans fehl am Platz.

Notfall

Über die EU-weite Notrufnummer 112 kann man – auch über das Mobiltelefon – Polizei, Unfallrettung und Feuerwehr kontaktieren. Die Polizei erreicht man in Griechenland auch über die 100, Krankenwagen über 166 und die Feuerwehr über 199. Touristenpolizei in Korfu-Stadt: Tel. 26 61 03 95 03.

Öffnungszeiten

Für **Sehenswürdigkeiten** gibt es keine einheitlichen Öffnungszeiten. Orientieren kann man sich nur an den Kernzeiten der kleineren staatlichen archäologischen Stätten und Museen (Di–So 8–15 Uhr). Verschiedene Attraktionen können im Sommer oft tgl. bis 20 Uhr besucht werden. Durch die Finanzkrise wird jedoch häufig Personal eingespart. Einige Einrichtungen werden daher zwischenzeitlich ganz geschlossen, andere haben verkürzte Öffnungszeiten. Auch in der Nebensaison kann es entgegen offizieller Angaben vorkommen, dass verkürzte Zeiten gelten oder ganz geschlossen ist. Sollte der Besuch mit einer längeren Anreise verbunden sein, hilft ein kurzer

Festivals und Events

Februar/März

Karneval (Termin siehe S. 125, Korfu-Stadt) – Zwei Wochen lang venezianische Kostüme auf Bällen und Umzügen. Höhepunkt: der Karnevalsonntag.

Unabhängigkeitstag und **Mariä Verkündung** (25. März, Korfu-Stadt). Paraden mit Schulklassen, Orchestern und Militär.

April

Ostern (Termin siehe S. 125, Korfu-Stadt und inselweit) – Karfreitag (Megáli Paraskeví) wird der »epitáfios«, das symbolische Grab Christi, geschmückt und in Prozessionen durch den Ort getragen – in Korfu-Stadt begleitet von Orchestern; Ostersamstag (Megálo Sávato) morgens »Krüge werfen« (siehe S. 21) in Korfu-Stadt, abends Mitternachtsmessen, anschließend Feuerwerk. Ostersonntag wird im Familienkreis gefeiert.

Mai

Anschluss des Archipels an Griechenland (21. Mai, Korfu-Stadt) – Große Parade u. a. mit Militär, Politikern, Schülern und Orchestern.

Juni

Corfu Festival (Mitte Juni/Ende Aug., Korfu-Stadt) – Konzerte, Ballett-, Oper- und Theateraufführungen in vielen Locations wie der Alten Festung.

Juli

Patronatsfest der hl. Marína (15.–17. Juli, Benítses) – Großes Volksfest mit Folklore, traditionellen Trachten und Schaustellern.

Paxos Festival (Juli–Anfang Sept., Páxos) – Klassische Konzerte, Workshops und Ausstellungen (www.paxosfestival.com).

August

Barkarole-Fest (Anfang Aug., Garítsa (Korfu-Stadt), Paleokastrítsa) – Bootsprozession mit Fackeln, traditionellen Melodien von Barkarolen (Gondellieder) und Feuerwerk.

Patronatsfest des hl. Spyrídon (11. Aug., Korfu-Stadt) – Prozession mit den Reliquien des Inselpatrons begleitet vom hohen Klerus (auch Palmsonntag, Karfreitag, 1. So im Nov. und am 12. Dez.).

Mariä Entschlafung (14./15. Aug., inselweit) – Kirchenfest mit Tanz und Musik, ganz besonders schön in Kassiópi, Paleokastrítsa und auf Páxos.

September

Corfubeer Festival (Ende Sept./Anfang Okt., Aríllas) – Fünf Tage mit korfiotischem Bier und Bieren des jährlich wechselnden Partnerlandes, lokalen Leckereien und Konzerten (www.corfubeer-festival.com).

Anruf vorab, um nicht vor verschlossenen Türen zu stehen. Klöster schließen oft zur Mittagszeit (ca. 14–17 Uhr).

Souvenirgeschäfte und andere Läden in der Altstadt von Korfu-Stadt und in den Urlaubsorten sind in der Saison meist tgl. ca. 9–22 Uhr, manchmal auch länger geöffnet. Die **Geschäfte** für den Bedarf der Einheimischen öffnen allerdings oft nur Mo–Sa ca. 10–14 und Di, Do, Fr auch 17–21 Uhr. Die Öffnungszeiten von **Postämtern** sind Mo–Fr 8–14.30, von **Banken** Mo–Do 8–14 und Fr 8.30–13 Uhr.

Soweit nicht anders in diesem Reiseführer angegeben, haben **Tavernen und Restaurants** keine Ruhetage. Die meisten Lokale öffnen gegen 11 Uhr und schließen nach Mitternacht. Es gibt nur wenige exklusivere Restaurants, die erst ab 18 Uhr öffnen.

Open-Air-Locations wie (Strand-)Bars oder Clubs haben in der Hochsaison tgl. geöffnet, in der Nebensaison abhängig von Nachfrage und Wetter manchmal nur Do, Fr und Sa.

Hotels in Korfu-Stadt und Ioánnina sind ganzjährig geöffnet. In Ferienorten sind sie zwischen Nov. und April geschlossen.

Post

Die Postämter (tachydromío) der griechischen Post ELTA sind meist Mo–Fr 7.30–14.30 Uhr geöffnet, die Hauptpost in Korfu-Stadt (Leofóros Alexándras 26) Mo–Fr 7.30–20.30 Uhr. Briefe und Postkarten brauchen von Korfu innerhalb Europas drei bis sieben Tage. Der Versand kostet 85 Cent. Briefmarken gibt es oft in Geschäften, die Karten verkaufen, und natürlich bei der Post. Briefkästen sind gelb und in mehreren größeren Orten zu finden.

Rauchen und Alkohol

In geschlossenen öffentlichen Gebäuden, Verkehrsmitteln und am Flughafen ist das Rauchen auch in Griechenland offiziell verboten. Während das Gesetz im Flughafen und in Verkehrsmitteln durchgesetzt wird, wird vor allem in Restaurants, Cafés, Bars und kleineren Hotels – trotz Verbotsschildern – munter weitergeraucht.

Alkohol wird an Personen ab 18 Jahren ausgeschenkt.

Sicherheit

Im Allgemeinen zählt Griechenland und somit auch Korfu zu den sichersten Reisegebieten Europas. Angefeindet werden Urlauber generell nicht. Die Griechen sind ein äußerst gastfreundliches Volk und freuen sich über Urlauber. Auch alleinreisende Frauen können sich auf der Insel unbesorgt bewegen. Wie überall sollte man aber auch auf Korfu im Gedränge auf seine Tasche achten und keine Wertgegenstände im Auto lassen. Bei den mitternächtlichen Alkoholexzessen und Kneipentouren (pub crawls) in einigen Hochburgen des Massentourismus kann es vereinzelt zu Übergriffen betrunkener Touristen kommen.

Souvenirs

Insbesondere in Korfu-Stadt kommen Shopping-Fans auf ihre Kosten. Neben den allgemein üblichen Griechenlandsouvenirs wie Antikenkopien, Ouzo oder Keramik bietet Korfu eine Fülle von Kumquat-Produkten. Die Zitrusgewächse mit der sauren Schale und dem süßen Inneren werden als Likör, Marmelade und kandierte Früchte feilgeboten. Außerdem bekommt man in vielen Läden geschnitzte Deko- und Gebrauchsobjekte aus Olivenholz. Korfu-Stadt bietet neben modernen Boutiquen internationaler und griechischer Mode- und Schuhmacher auch hervorragende Silberschmiedearbeiten, etwa byzantinische Silberostereier. Beliebt ist außerdem das Olivenöl aus Korfu und Páxos.

Über 100 Jahre alte Kunstgegenstände dürfen nicht oder nur mit Sondergenehmigung ausgeführt werden. Bei teuren Ikonenkopien wird ein Zertifikat benötigt!

 ## Sport

Angeln

Angeln ist mit den in Supermärkten erhältlichen Angelschnüren und -haken überall im Meer erlaubt und auch bei den Einheimischen sehr beliebt. Einige Anbieter in den Urlaubsorten bieten Angelausflüge an.

Golf

Der einzige 18-Loch-Golplatz der Insel, der Corfu Golf Club (www.corfugolf club.com), liegt nahe Ermónes im malerischen Ropa-Tal 17 km westl. von Korfu-Stadt. Die Ausrüstung ist vor Ort erhältlich.

Reiten

Lange Strandabschnitte und die reizvolle Natur schaffen auf Korfu ein tolles Areal für Ausritte. Reitställe gibt es sowohl im Norden als auch im Süden der Insel, z.B. The Trailriders in Áno Korakiána (www.trailriderscorfu.com).

Radfahren und Mountainbiking

Das reizvolle Inselinnere mit vielen Feld- und Waldwegen sowie die Küste sind für Fahrrad- oder Mountainbike-Touren bei entsprechender Kondition ideal. Wer Touren auf eigene Faust unternehmen möchte, kann beispielsweise in Dassiá (www.mountainbike corfu.gr) oder Acharávi (www.cycle corfu.com) Mountainbikes mieten. Ersterer bietet auch Radferien an. Zudem werden bei diesen und auch bei anderen Anbietern geführte Touren in verschiedenen Schwierigkeitsgraden angeboten.

Schwimmen

Von Mai bis Ende Okt. herrschen auf den Ionischen Inseln ideale Bedingungen, um im Meer zu baden. Die Wassertemperaturen steigen im Sommer in der Regel auf bis zu 26 Grad, lediglich an der tiefen Westküste ist es deutlich kälter. Besonders empfehlenswert sind die Strände, welche die Blaue Flagge (www.blueflag.org) führen dürfen. Diese ist Garant für hohe Umweltstandards sowie gute Sanitär- und Sicherheitseinrichtungen.

Zudem stehen viele Swimmingpools in den Hotels auch für Nicht-Gäste offen, wenn diese an der Poolbar etwas konsumieren.

Segeln

Die Ionischen Inseln gelten als äußerst beliebtes Seglerrevier Die Marina von Gouviá (www.medmarinas.com) ist eine der größten des Landes. Segelboote mit oder ohne Skipper kann man auf Korfu mieten, so etwa bei Corfu Yachting in Gouviá (www.corfuyachting.com).

Tauchen

Das Schnorcheln ist überall erlaubt. Scuba-Diving mit Druckluftflasche allerdings ist ohne Begleitung eines lizenzierten Tauchlehrers mancherorts verboten. So soll der Diebstahl archäologischer Unterwasserfunde verhindert werden. Tauchstationen gibt es z.B. in Paleokastrítsa (www.diving-corfu.com), Gouviá (www.diveincorfu.gr) und auf Páxos (www.paxosoasisub.com).

Tennis

Dem Sport kann man in vielen besseren Hotels nachgehen. Nobelster Court der Insel ist der Corfu Tennis Club (www.corfutennis.weebly.com) in Korfu-Stadt, der auch Plätze vermietet.

Wandern

Für Griechenland insgesamt gilt, dass Wege oft überhaupt nicht oder nur notdürftig ausgeschildert sind. Eine gute Planung und mindestens ebenso gutes Kartenmaterial sind daher ratsam. Zur Ausrüstung gehören feste Schuhe, wegen möglicher Dornen lange feste Hosen, Sonnenbrille, Sonnencreme sowie genügend Wasser und Proviant.

Korfu bietet zwar großartige schattige Wanderrouten durch seine über 300 Jahre alten Ölbaumhaine, doch die kahle Bergregion rund um den Gipfel des Pantokrator ist wegen seiner militärischen Autopisten und Satellitenantennen wenig einladend. Interessant ist der 222 km lange Corfu Trail (siehe S. 81). Für Páxos kann man sich vor Ort den englischsprachigen Wanderführer »The Bleasdale – Walking map of Paxos & Guide« kaufen.

Wassersport und Mietboote

Wassersport steht auf Korfu natürlich an erster Stelle. An den Stränden sind neben dem guten alten Wasserski

modernere Fun & Adrenalinangebote wie Parasailing, Scuba-Diving oder Bananaboats Standard. In zahlreichen Orten werden außerdem Motorboote vermietet.

Windsurfen und Kiten

Surfboards werden an mehreren Stränden der West- und Nordküste vermietet, wo frischere Brisen wehen. Könner wählen den Nachmittag, wenn höhere Wellen branden. Beliebt sind z.B. die Strände Chalikoúnas, Ágios Geórgios Págon und Gardénos.

Sprache

Für das Griechische existiert kein einheitliches Transkriptionssystem, so findet man z.B. allein für das Achílleion unzählige korrekte Schreibweisen, je nachdem ob man es mit ch oder h, mit Doppel-l oder einfachem l, mit ei oder i und am Ende mit oder ohne n schreibt. Selbst auf griechischen Karten und Ortsschildern schwankt die Schreibung von Ortsnamen erheblich. Wer im Urlaub ein Navigationsgerät benutzt, muss deshalb häufig ein wenig ausprobieren. Abweichungen der in diesem Buch verwendeten Schreibweisen von den vor Ort benutzten sollten daher nicht zu Irritationen führen.

Sowohl die Schreibweise als auch die Akzente bei den griechischen Begriffen in diesem Buch sollen der richtigen Aussprache und der korrekten Betonung dienen. Besonders die richtige Betonung ist für das Verständnis vor Ort hilfreich. Englisch wird auf Korfu fast überall gesprochen. Über den Versuch, ein paar Wörter Griechisch zu sprechen, freut man sich aber natürlich immer!

Strom und Steckdose

Die elektrische Spannung beträgt, wie in Deutschland, 220 Volt Wechselstrom. Die deutschen Stecker passen in die Steckdosen. Adapter sind nicht erforderlich.

Telefon und Internet

Die griechischen Telefonnummern sind alle zehnstellig. Da Vorwahlen inzwischen in die Telefonnummern integriert sind, müssen Ortsvorwahlen nicht zusätzlich gewählt werden. Mobilnummern beginnen stets mit einer 6, Festnetznummern mit einer 2.

Telefonkarten für die immer seltener werdenden Telefonzellen gibt es am Kiosk (períptero). Das Telefonieren mit dem Mobiltelefon ist auf Korfu unproblematisch, und Roaming-Gebühren fallen innerhalb der EU seit Juni 2017 zumindest bis zu einer bestimmten Grenze weg. Genauere Infos geben die Mobilfunkanbieter zu Hause. Die Flächenabdeckung im Mobilfunk ist generell – bis auf wenige Bergregionen – ausgezeichnet. Unbedingt sollte man darauf achten, dass sich das Handy in ein griechisches Netz einwählt. In wenigen Ecken im Norden der Insel bzw. auf der Fahrt mit dem Schiff kann es passieren, dass man anstatt aus einem griechischen aus einem albanischen Netz telefoniert. Dann fallen weiterhin oft teure Roaming-Gebühren an. Griechische Telefongesellschaften sind Cosmote, Wind und Vodafone (GR).

In Cafés, Tavernen und Restaurants gibt es, sogar in vielen kleinen Orten, meist kostenloses WLAN (WiFi). Auch Hotels bieten diesen Service an, in kleineren Häusern oft kostenlos, große verlangen manchmal Gebühren.

Internationale Vorwahlen

- **Griechenland** 00 30
- **Deutschland** 00 49
- **Österreich** 00 43
- **Schweiz** 00 41

Trinkgeld

Wie bei uns gibt man auch auf Korfu in Cafés und Restaurants ein Trinkgeld in Höhe von 10 Prozent für guten Service. Über eine kleine Anerkennung freuen sich auch Fremdenführer, Zimmermädchen und Gepäckträger. Üblich ist in Griechenland, sich das Rückgeld erst zurückgeben zu lassen und dann das Trinkgeld, das man geben möchte, auf dem Tisch liegen zu lassen.

Umgangsformen

Die typisch griechische Gastfreundschaft zeigen die Einheimischen Urlaubern, die sich freundlich, offen und interessiert zeigen. Wer Fotos von Einheimischen machen möchte, sollte vorher unbedingt fragen. Zum guten Ton gehört es besonders auf dem Land, auch Fremde mit einem freundlichen »Kaliméra« (Guten Morgen!) oder »Kalispéra« (Guten Tag/Abend!) zu grüßen.

Die Korfioten kleiden sich zwanglos. Urlauber sollten jedoch in der Stadt und im Binnenland nicht zu freizügig sein und sich nach dem Strandbesuch etwas drüberziehen. In den Ferienorten wird das etwas lockerer gesehen. Angemessene Kleidung wird jedoch oft in Hotel-Restaurants und in schickeren Restaurants bzw. Bars erwartet. In Klöstern und Kirchen müssen Schultern und Knie bedeckt sein.

FKK ist in Griechenland offiziell verboten. Dennoch gibt es auf Korfu viele kleine Buchten wie Mirtiótissa, wo es toleriert wird – zumindest solange keine Familien und Kinder vor Ort sind.

Unterkunft und Hotels

Camping

Wildes Campen ist verboten und wird mit hohen Geldstrafen geahndet. Auch das Übernachten am Strand wird nicht gern gesehen. Die meisten Campingplätze haben eine solide, durchschnittliche Ausstattung, in der Hauptsaison ist eine Voranmeldung ratsam. Beschreibungen geprüfter Campingplätze bieten der jährlich aktualisierte ADAC Campingführer (campingfuehrer.adac.de). Die Inhalte gibt es auch als App für iPhone, iPad und Android in den Appstores von Apple und Google. Empfehlenswert ist die Mitnahme der international anerkannten Camping Key Europe (CKE), mit der man vielerorts Rabatte erhält. Der ADAC stellt diese Karte exklusiv für seine Mitglieder aus.

Ferienwohnungen und -häuser

Das Angebot an gut ausgebauten Ferienwohnungen und Villen ist in den letzten Jahren kontinuierlich ausgebaut worden, manchmal aber nur über Reiseagenturen buchbar. Preise und Ausstattung decken ein riesiges Spektrum ab. Insbesondere das Angebot an Ferienhäusern, Bungalows und luxuriösen Villen ist riesig. Sie bieten meist genug Platz für die ganze Familie und haben manchmal auch einen eigenen Pool. Während es auf Korfu Wohnungen und Häuser nach jedem Geschmack sind, wohnt man auf Páxos hauptsächlich in Häusern, auf den Diapontischen Inseln in Apartments und Studios.

Hotels

Die Hotels auf Korfu sind nach dem üblichen Fünf-Sterne-System klassifiziert. Vor der Buchung sollte man bei Internetportalen, Reiseveranstaltern und direkt beim Hotel die Preise vergleichen. Pauschalreisen lohnen meist bei Sterne-Anlagen. Dann ist oft auch der Transfer inklusive. Kleinere Hotels bieten häufig nur Frühstück an. In größeren Anlagen reicht die Verpflegung von Frühstück über Halbpension bis zu All-inclusive. Die meisten großen Mittelklasse- und Luxushotels sowie die All-Inclusive-Anlagen liegen in den Küstenorten im Norden. In Korfu-Stadt gibt es neben größeren City-Hotels viele hübsche Boutiquehotels in historischen Mauern. Die Hotels außerhalb von Korfu-Stadt sind fast alle nur zwischen Mitte April und Okt. geöffnet. In der Woche um Ostern und in der ersten Augusthälfte ist rechtzeitige Reservierung ratsam.

Die jährlich von der Griechischen Zentrale für Fremdenverkehr (EOT) genehmigten Höchstpreise müssen in den Zimmern ausgehängt werden. Der tatsächliche Preis ist meist niedriger, variiert jedoch saisonal.

Privatzimmer

»Rooms to let« heißen in der Regel die Aufschriften der Schilder, die auf freie Privatzimmer verweisen. Meist handelt es sich um schlichte saubere Räume, die in der Nebensaison besonders günstig anzumieten sind, oft sind Garten und Familienanschluss inklusive – eine interessante und schöne Alternative! Bis auf die Hauptsaison (Juli/Aug.) kann man solche Zimmer auch vor Ort buchen. Wer lieber im Voraus plant, kann sich einmal auf Buchungsportalen wie etwa www.airbnb.de

umschauen. Dort findet man auch das ein oder andere modernere oder luxuriöse Zimmer.

Übernachtungssteuer

Je nach Kategorie ist seit 2018 eine Gästesteuer pro Nacht und Zimmer fällig, die vor Ort zu entrichten ist: Apartments, Ein- und Zwei-Sterne-Hotels 0,50 €, Drei-Sterne-Hotels 1,50 €, Vier-Sterne-Hotels 3 € und Fünf-Sterne-Hotels 4 €.

Verkehrsmittel auf der Insel

Bus

Auch wenn einige Busveteranen schon kräftig ächzen – Korfu verfügt über ein ausreichendes **Omnibusnetz**. Lediglich abgelegene Bergdörfer werden selten oder nie mit öffentlichen Verkehrsmitteln angefahren. Bei den Informationskiosken am zentralen Busbahnhof gibt es Fahrpläne. Die Abfahrtszeiten sind aber auch an vielen Haltestellen angeschrieben und stehen im Internet. Die Preise sind günstig. Tickets gibt es an Automaten und zu einem etwas teureren Preis im Bus.

Blaue Stadtbusse »Corfu City Bus«: Ausgangspunkt der Linienbusse ist die Platía San Rocco. Die Busse fahren in der Stadt, aber auch zum Flughafen, Hafen und navj Mon Repo sowie in der näheren Umgebung der Stadt, z.B. nach Pélekas, Ípsos, Benítses und zum Achílleion.

 Astiko KTEL Kerkyras Mitropolítou Methodíou 2, Korfu-Stadt, Tel. 26 61 03 15 95, www.astikoktelkerkyras.gr.

Grüne Überlandsbusse »Green Buses«: Ausgangspunkt ist der zentrale Busbahnhof am Stadtrand. Die Überlandbusse verbinden Korfu-Stadt mit vielen Dörfern und im Sommer mit allen Urlaubsorten der Insel.

 Ethnikí Odós Lefkímmis 13, Tel. 26 61 02 89 00, www.greenbuses.gr

Fähren

Neben den Fähren von/nach Igoumenítsa (siehe S. 113), die Urlauber nicht nur nach Korfu bringen, sondern auch für die Ausflüge auf das griechische Festland von Bedeutung sind, gibt es im Sommer tgl. Passagierboote nach Páxos (siehe S. 102) sowie unregelmäßigen Bootsverkehr zu den Diapontischen Inseln. Tagesausflüge per Boot sowohl entlang Korfus Küste als auch nach Páxos, Sývota, Párga und Albanien sind in vielen Reisebüros auf der ganzen Insel buchbar. Die Boote fahren ab Korfu-Stadt und in den Süden auch ab Lefkímmi.

Mietwagen

Die angenehmste Methode, Korfu individuell zu erkunden, ist die Anmietung eines Fahrzeugs. Mietwagen, Motorräder oder Roller bekommt man sowohl direkt am Flughafen als auch in der Stadt und in den Ferienorten. Pkw gibt es in der Nebensaison ab etwa 25 € täglich, zu achten ist auf Haftpflicht- bzw. Vollkaskoversicherung! Vorab sollte man den Wagen auf evtl. Schäden prüfen. Unbegrenzte Kilometer sind inzwischen fast überall mit inbegriffen. Voraussetzungen sind ein Führerschein, der seit mehr als 12 Monaten gültig ist, und die Vollendung des 21. Lebensjahrs. Um eine Kaution zu hinterlassen, braucht man bei den meisten Vermietern eine Kreditkarte, ausgestellt auf den Namen des Fahrers. Neben lokalen, oft billigeren Autoverleihern unterhalten alle internationalen Firmen Niederlassungen. Für

Mitglieder bietet die ADAC Autovermietung günstige Konditionen an. Buchen kann man über adac.de/autovermietung, die ADAC Geschäftsstellen oder unter Tel. +49 89 76 76 20 99. Wer einen Mietwagen auf das griechische Festland mitnehmen möchte, muss dies anmelden und dafür auch extra bezahlen (ab ca. 60 €).

Taxi

Nur in größeren Orten ist es leicht, ein Taxi zu finden. Taxifahren ist in Griechenland aber günstiger als bei uns. Die offiziell gültigen Tarife z.B. vom/ zum Flughafen oder zu größeren Orten werden bei den Taxiständen ausgeschrieben. Die Fahrt vom Flughafen in die Stadt kostet ca. 15 €.

 ### Zeitverschiebung

Auf Korfu gilt die Osteuropäische Zeit (MEZ + 1 Std.). Die Uhren müssen also eine Stunde vorgestellt werden. Außerdem gibt es auch hier Sommer- und Winterzeit.

 ### Zollbestimmungen

Es ist streng verboten, Antiquitäten (älter als 100 Jahre) aus Griechenland auszuführen! Ebenfalls hart bestraft wird die Mitnahme von Verteidigungssprays.

Der Reisebedarf für den persönlichen Gebrauch darf abgabenfrei mitgeführt werden. Richtmengen für Reisende aus den EU-Ländern: 800 Zigaretten, 400 Zigarillos, 200 Zigarren, 1 kg Tabak, 10 l Spirituosen, 20 l Zwischenerzeugnisse, 110 l Bier, 10 kg Kaffee. Infos: www.zoll.de, www.bmf.gv.at/zoll

Für Reisende aus der Schweiz gelten: 250 Zigaretten/Zigarren oder 250 g Tabak, 5 l alkoholische Getränke bis 18% Vol. und 1 l alkoholische Getränke über 18% Vol. Infos: www.ezv.admin.ch.

In Korfu-Stadt kann man sich täglich an den vorbeiziehenden Fähren satt sehen

Die Geschichte Korfus

70 000–50 000 v. Chr. In der Altsteinzeit werden die Ionischen Inseln vermutlich von Illyrien (heute Albanien) und Apulien aus besiedelt.

ab 3000 v. Chr. In Afiónas existiert eine der ersten dauerhaften Siedlungen des Archipels.

734 v. Chr. Von Korinthern wird die Kolonie Korkyra (heute Korfu-Stadt) gegründet.

338 v. Chr. Philipp II. von Makedonien erobert Korfu.

229 v. Chr. Korfu unterwirft sich – als erster griechischer Stadtstaat – freiwillig den Römern.

395 Teilung des Römischen Reichs. Griechenland wird dem Byzantinischen Reich (Ostrom) zugesprochen und von Konstantinopel (heute Istanbul) regiert.

1185 Der normannische König von Sizilien, Wilhelm II., erobert Korfu.

1386 Die Venezianer übernehmen die Herrschaft.

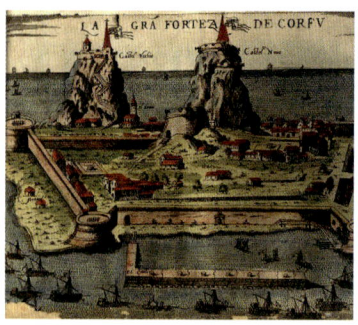

1453 Sultan Mehmet II. erobert Konstantinopel. Griechenland wird mit Ausnahme der Ionischen Inseln von den Osmanen besetzt.

1797 Die Ionischen Inseln gehen an Frankreich.

1800 Eine türkisch-russische Flotte besetzt den Archipel und gibt ihm als Republik der Sieben Inseln (Heptanes) weitgehende Selbstverwaltung.

1807 Russland tritt den Archipel an Frankreich ab.

1809 Großbritannien annektiert Korfu.

1815–1864 Die Inselgruppe wird britisches Protektorat. Der Straßen- und Brückenbau wird gefördert.

1821–1829 Griechischer Freiheitskrieg gegen die Osmanen. Danach Unabhängigkeit Griechenlands. Der Archipel wird noch nicht eingegliedert.

1852 Italienisch wird als Amtssprache abgeschafft.

1864 Großbritannien übergibt die Ionischen Inseln an Griechenland.

1941 Italienische Truppen besetzen die Ionischen Inseln.

1943 Am 14. September bombardiert die deutsche Luftwaffe die Stadt Korfu und zerstört sie zu einem Drittel.

1967–1974 Militärdiktatur. Danach entsteht die Republik Griechenland in Form einer Demokratie.

1981 Griechenland wird Mitglied der EG (EU).

2002 Einführung des Euro.

2007 Der historische Kern von Korfu-Stadt wird UNESCO-Weltkulturerbe.

2015 Alexis Tsipras von der linken Syriza-Partei bleibt nach Neuwahlen Ministerpräsident.

2010–2018 Die Bankenkrise trifft die Bevölkerung hart.

2018 Das Land muss sich wieder ohne Hilfe am Kapitalmarkt finanzieren, die harten Reformen werden fortgesetzt.

2019 Im März legt Griechenland erstmals seit 2010 wieder eine zehnjährige Anleihe auf.

Griechisch für die Reise

Das Wichtigste in Kürze	Aussprache	Griechisch
Ja/Nein	*né/óchi*	ναι/όχι
Bitte/Danke	*parakaló/efcharistó*	παρακαλώ/ευχαριστώ
Hallo!/Auf Wiedersehen!	*Jássas!/Andío!*	Γειά σου!/Γειά σας!
Guten Morgen!/Guten Tag!	*Kaliméra!/Kalispéra!*	Καλημέρα!/Καλησπέρα!
Guten Abend/Gute Nacht	*Kalispéra!/Kaliníchta!*	Καλησπέρα!/ Καληνύχτα!
Mein Name ist …	*To ónoma mu íne …*	Το όνομα μου είναι …
Entschuldigung!	*Signómi*	Συγνώμη!
Achtung!/Vorsicht!	*Prossochí!*	Προσοχή!
Ich verstehe Sie nicht	*ðen sas katalawéno*	Δεν σας καταλαβαίνω
Wie viel kostet das?	*Pósso koss-tísi aftó?*	Πόσο κοστίζει αυτό;
Damen/Herren	*Ginekón/Andrón*	Γυναικών/Αντρών
geöffnet/geschlossen	*anichtó/klistó*	ανοιχτό/κλειστό
gestern/heute/morgen	*chtés/símera/áwrio*	χτές/σήμερα/αύριο
Wo ist …?	*Pú íne …?*	Που είναι …;
Ist das der Weg nach …?	*Aftós íne o ðrómos giá …?*	Αυτός είναι ο δρόμος για …;
Ich möchte …	*Θélo …*	Θέλω …
Die Rechnung, bitte!	*Ton logariasmó, parakaló!*	Τον λογαριασμό, παρακαλώ!
Auto	*aftokínito*	αυτοκίνητο
Tankstelle	*wensináðiko*	βενζινάδικο
Super/Diesel	*súper/dísel*	σούπερ/ντίζελ
bleifrei	*amóliwði*	αμόλυβδη
Panne	*wláwi*	βλάβη

Wochentage

Montag/Dienstag	*ðeftéra/Tríti*	Δευτέρα/Τρίτη
Mittwoch/Donnerstag	*Tetárti/Pémpti*	Τετάρτη/Πέμπτη
Freitag/Samstag	*Paraskewí/Sáwwato*	Παρασκευή/Σάββατο
Sonntag	*Kiriakí*	Κυριακή

Monate

Januar/Februar	*Ianuários/Fewruários*	Ιανουάριος/Φεβρουάριος
März/April	*Mártios/Aprílios*	Μάρτιος/Απρίλιος
Mai/Juni	*Máios/Iúnios*	Μάιος/Ιούνιος
Juli/August	*Iúlios/Áwgustos*	Ιούλιος/Αύγουστος
September/Oktober	*Septémwrios/Októwrios*	Σεπτέμβριος/Οκτώβριος
November/Dezember	*Noémwrios/ðekémwrios*	Νοέμβριος/Δεκέμβριος

Zahlen

1 *éna* ένα	4 *téssera* τέσσερα	7 *eftá* εφτά	10 *ðéka* δέκα
2 *ðío* δύο	5 *pénde* πέντε	8 *ochtó* οχτώ	100 *ekató* εκατό
3 *tría* τρία	6 *éxi* έξι	9 *enniá* εννιά	1000 *chília* χίλια

Hinweise zur Aussprache

Θ wie englisches »th« in »thanks«, mit der Zungenspitze zwischen den Zähnen
δ wie englisches »th« in »the«, mit der Zungenspitze hinter den Zähnen
´ der Buchstabe mit Akzent wird betont

Alle Blickpunkt-Themen in diesem Band:

Register

Register

Bildnachweis

Titel: Paleokastrítsa an der Westküste Korfus
Foto: **Shutterstock.com** (Marcin Krzyzak)
Rücktitel: links: **Shutterstock.com** (Panos Karas), rechts: **Shutterstock.com** (Kite_rin)

Alamy Stock Photo: Marek Slusarczyk 10.1 – **Art Hotel Debono:** 41 – **AWL Images:** Neil Farrin 13.1, 144 – **Getty Images:** Jonathan Andrew 7; LOOK 12.2; Lonely Planet Images 26, 90/91, 93; imageBRO-KER RF 50; Alexander Spatari 53 – **gemeinfrei:** 66, 136 – **Huber Images:** Davide Erbetta 14/15, 20, 36; Reinhard Schmid 44, 68, 70, 80, 85; Bruno Cossa 65 – **Its Kale:** 120 – **Klio Verigou:** 11.2 – **Lookphotos:** Heinz Wohner 95 – **mauritius images:** Steve Bentley/Alamy 12.1, 82; travelstock44/Alamy 17.3; imageBROKER/STELLA 34/35; Prisma/Van der Meer Rene 54; robertharding/Ruth Tomlinson 97.1; Dino Fracchia/Alamy; imageBROKER/Frauke Scholz 109; AGF/Charles Mahaux 112; Classic Image/Alamy 115 – **picture alliance:** NurPhoto 13.2 – **Shutterstock.com:** Kostasgr 2.1, 110/111, 116; Kite_rin 4/5; Mila Atkovska 6.1; ORLIO 6.2; Netfalls Remy Musse 6.3, Desislava Lyungova13.3; Krzysztof Gach 28; Aerial-motion 30/31, 39; Magrig 45; GIANNIS DIMITRAS 57; Vvlasovs 58; Heracles Kritikos 63.3, 104; vivooo 73; Marcin Krzyzak 79.3; Calin Stan 98/99; Yuriy Y. Ivanov 128; theendup 135 – **stock.abobe.com:** anastasios71 2.2, 9; Balate Dori 8/9, 86; proslgn 12.3, 18/19, 24, 79.1; Jeanette Dietl 33; Anastasia Tsarskaya 43.2; gb27photo 75; Kristyna 88; apanfilova 100; Kite_rin 100/101; fabdrone 118 – **The Merchant's House:** 77

141

Impressum

Herausgeber: GRÄFE UND UNZER VERLAG GmbH, Postfach 86 03 66, 81630 München
Leitender Redakteur: Benjamin Happel
Autoren: Klio Verigou, Peter Peter
Verlagsredaktion: Gernot Schnedlitz (verantw.), Larissa Köpp, Silke Tauscher, Nadia Terbrack
Lektorat und Satz: bookwise GmbH, München
Bildredaktion: Dr. Nafsika Mylona
Schlusskorrektur: Ulla Thomsen
Reihengestaltung: Eva Stadler
Kartografie: Kunth Verlag GmbH & Co. KG, München
Herstellung: Mendy Willerich
Druck: Drukarnia Dimograf Sp z o.o. (Polen)

Ansprechpartner für den Anzeigenverkauf:

KV Kommunalverlag GmbH & Co. KG, MediaCenter München,
Tel. 089/928 09 60

Ein Unternehmen der
GANSKE VERLAGSGRUPPE

ISBN 978-3-95689-512-8
1. Auflage 2019

© 2019 GRÄFE UND UNZER VERLAG GmbH, München
ADAC Reiseführer Markenlizenz der ADAC Medien und Reise GmbH, München

Leserservice
adac@graefe-und-unzer.de
Tel. 00800/72 37 33 33 (gebührenfrei in D, A, CH)
Mo–Do 9–17 Uhr, Fr 9–16 Uhr

Bei Interesse an maßgeschneiderten B2B-Produkten:
gabriella.hoffmann@graefe-und-unzer.de

Gut informiert.
Besser reisen.

Lust auf einen Kurztrip? Die kompakten ADAC Reiseführer sind die perfekten Reisebegleiter für eine spontane Auszeit.

- **Kompetent**: zuverlässige Informationen und bewährte ADAC Tipps
- **Praktisch**: mit dem ADAC Quickfinder direkt zu den Highlights
- **Übersichtlich**: kinderleichte Orientierung dank klarer Symbolik

Unschlagbar gut.
Unschlagbar günstig.

Unterwegs auf Korfu

Motorboot

Ein Korfu-Urlaub ohne Bootstour? Undenkbar! Am besten mietet man ein Boot und erkundet die imposanten Küstenabschnitte in eigener Regie. Kleine Motorboote bis 30 PS gibt es in Griechenland nach kurzer Einweisung auch ohne einen entsprechenden Führerschein.

Fahrrad

In mehreren Küstenorten können Sie Mountainbikes mieten. Mit dem Fahrrad geht es durch die reizvolle Landschaft und im Rahmen eines Ausflugs sogar bis nach Páxos.
- Details auf S. 48, 65, 81,
Ausflug Páxos: www.corfutrips.com

Vespa

Ein Hauch von Italien gibt es auf Korfu auch bei den Verkehrsmitteln. Ganz stilecht kann man die Insel mit einer Vespa unter die Lupe nehmen, entweder bei einer geführten Tour oder auf eigene Faust.
- www.corfuvespatour.com

Esel und Pferde

Als Nutztiere haben Esel und Pferde auf Korfu schon länger ausgedient. Heute sind sie Beförderungsmittel für Touristen: Esel in Afiónas (siehe S. 87) und Pferde an Fiakern in der schönen Kulisse von Korfu-Stadt. Unbedingt sollte man auf den Zustand der Tiere achten und an heißen Tagen auf die Fahrt verzichten.
- Kutschfahrten auf S. 31

Klassisch zu Fuß

Wanderungen im Olivenhain und Flanieren in Korfus autofreier Altstadt gehören zum Urlaub einfach dazu. Man kann in der Inselmetropole auch geführte Spaziergänge buchen.
- www.corfuwalkingtours.com